인맥에 강한 아이로 키워라

인맥에 강한 아이로 키워라

인맥에 강한
아이로 키워라

양광모 지음

예담

지혜로운 부모는
아이의 인맥 교육부터 시킨다

어떻게 하면 우리 아이들이 행복하게 성공할 수 있을까?

이는 틀림없이 세상 모든 부모가 고민하는 질문일 것이다. 나 또한 다르지 않다. 이 책을 쓰는 지금 이 순간에도 어떻게 하면 좋은 부모가 될 수 있을까 고민하니 말이다. 아이들을 어떻게 키우는 것이 올바른 교육인지, 어떻게 하면 아이들 스스로 성공한 인생, 행복한 삶을 살아가게 도와줄 수 있을지 생각한다. 과연 부모가 해야 할 역할은 무엇일까? 이 책은 그런 질문에 대한 해답을 함께 찾아보기 위해 쓰였다.

나는 오랫동안 성인 교육 분야에 전념해왔다. 성공학, 행복학, 인간관계, 커뮤니케이션, 갈등 관리, 동기부여 등이 그동안 내가 강의하고 집필해온 영역이다. 이런 활동을 통해 내 나름대로는 큰 의미와 보람을 느꼈지만, 정작 내 아이들의 교육에는 특별한 철학을 갖지 못하고 여느 가정처럼 자녀 교육의 대부분을 아내에게 일임한 채로 지내왔다.

그러던 어느 날, 인터넷에서 강의 자료를 찾던 중 우연히 미국 보스턴 대학의 헬즈만 교수가 40년간 진행해온 연구 조사에 대해 알게 되었다. 간략히 말하자면 성공과 출세의 가장 중요한 요인은 다른 사람과 잘 어울리는 능력, 좌절을 대하는 태도, 감정을 조절하는 능력, 이 세 가지라는 내용이었다. 이 조사 결과를 보며 나는 오랫동안 깊은 생각에 잠겼고, 이때부터 자녀 교육의 구체적인 방향을 정립할 수 있었다.

이 책을 읽고 있는 부모님들 또한 자녀 교육에서 가장 필요한 것은 피아노, 태권도, 영어, 한자 교육이 아니라 대인 관계 능력, 좌절 극복 태도, 감정 조절 능력을 키워주는 일이며, 그 결과에 따라 자녀의 사회적 성공 여부가 좌우될 것이라는 사실을 이해하고 받아들여야 한다. 실제로 수많은 연구 기관 및 학자의 조사를 통해 성공과 행복은 인간관계에 의해 결정된다는 사실이 일관되게 밝혀지고 있다.

이제 잠시 하던 일을 멈추고 지금까지의 자녀 교육에 대해 진지하게 질문을 던져보자. 나는 어떤 부모일까? 나의 교육 방법이 아이들의 성공과 행복에 정작 얼마나 도움을 줄 수 있을까? 또 내가 미처 모르고 놓치고 있는 것은 무엇일까?

짧은 인생이지만 지금까지 나는 적지 않은 성공과 실패를 겪었다. 한때는 대기업에 재직하며 노동조합위원장으로 활동했고, 몇 개 회사의 대표이사와 여러 단체의 회장을 맡기도 했다. 그리고 서너 차례 이상의 사업 실패도 경험했다. 그러면서 뼈저리게 느낀 교훈이 있다면, 인생은 어떤 사람을 만나고 어떤 인연을 맺느냐에 따라 전적으로 운명이 달라진다는 점이다. 아울러 인간관계는 사회적 성공과 출세에만 국한된 문제가 아니라는 사실이다.

학교생활에서 빈번하게 나타나는 집단 따돌림, '왕따'도 인간관계의 문제이며, 직장인들이 회사 생활에서 가장 어렵다고 하소연하는 것도 인간관계다. 부부 세 쌍 중 한 쌍이 이혼에 이른다는 부부 갈등도 관계의 문제이며, 사업을 하다 보면 절실하게 필요성을 느끼는 것이 바로 좋은 인맥, 대인 관계 능력이다. 결국 인맥과 대인 관계 능력이 인생에서 가장 중요한 결정적 요소인 셈이다.

흔히 인생은 부모, 친구, 스승, 배우자, 귀인의 다섯 사람에 의해 결정된다고 이야기한다. 곱씹을수록 맞는 말이지만 그중에서도 부모의 역할이 무엇보다 중요하다. 부모가 자녀를 어떤 친구와 어울리게 하고, 어떤 스승에게 가르침을 받게 하고, 사람 보는 바른 눈을 어떻게 길러주어 자녀 자신에게 어울리는 배우자를 찾게 하느냐에 따라 아이의 인생이 달라질 수 있다. 아울러 다른 사람들과 두루 잘 어울리는 사교성과 친화력을 길러준다면 자녀의 성공과 행복에 가장 필요한 능력을 선물해주는 것이며, 이것이 가장 현실적인 자녀 교육법이다. 이 책에서 내가 이야기하고자 하는 것 또한 어떻게 하면 자녀에게 좋은 인맥을 만들어주고 뛰어난 대인 관계 능력을 갖게 할 수 있는지에 관한 것이다.

"인생은 계획을 세우느라 분주한 동안 슬그머니 일어나는 일"이라는 존 레넌의 말처럼 시간은 빠르고, 인생은 경황중에 지나간다. 세상에 태어난 게 엊그제 같은데 어느덧 부모가 되었고, 막상 부모가 되었지만 현명한 부모 노릇도 정말 쉽지 않다. 오늘도 자녀 교육의 현장에서 고군분투하고 있을 세상의 모든 어머니, 아버지에게 격려의 말과 함께 생텍쥐페리의 명언을 교훈으로 전한다. 자녀들의 성공과 행복을 바란다면 관계에 강한 아이로 키워라. 그것이 자녀 교육의 핵심 답안이다.

생계를 책임진다는 핑계로 늘 밖으로만 겉돌던 남편을 대신해 자녀 교육의 99%를 책임져온 아내에게 뜨거운 감사의 마음을 전한다. 능력 있는 아버지, 따뜻한 아버지가 되어주지 못해 늘 미안한 딸 희진, 아들 희재에게도 깊은 사랑을 전한다. 부탁건대 어떤 상황에 처하더라도 세상에서 가장 소중한 것은 사람이라는 사실을 잊지 말기 바란다. 마지막으로 이 책을 읽는 부모님들께도 감사의 말을 전한다.

"인간은 상호관계로 묶이는 매듭이요, 거미줄이요, 그물망이다. 인간관계만이 유일한 문제점이다."

2011년 6월
푸른고래 양광모

Contents

인기 많은 아이로 키우는 비결은 따로 있다

Chapter 4

자녀의 관계 능력, 300% 높이는 법

Chapter 1

관계에 강한
아이가 성공한다

인간관계는 성공을 좌우하는 핵심 요소다. 그렇기에 부모가 자녀 교육에서 가장 관심을 갖고 노력해야 할 일도 적절한 대인 관계 능력과 좋은 인맥을 형성할 수 있도록 지도하는 것이다. 부모의 노력 여하에 따라 친구들간의 따돌림 문제를 막을 수도 있고, 자녀를 인기 많은 아이로 성장시킬 수도 있다. 자녀의 학교생활뿐 아니라 훗날의 원만한 직장 생활과 부부 관계, 사회적인 성공을 이루는 데도 큰 도움이 되리라는 것은 두말할 나위 없다.

성공의 85%는
인간관계에 의해 결정된다

1921년, 미국 심리학자 루이스 터먼Lewis Terman과 그의 연구 팀은 성공과 지능의 연관성을 알아보기 위한 일련의 실험에 착수했다. 먼저 캘리포니아 지역의 초등학생과 중학생 25만 명에게 세 차례에 걸쳐 시험을 치르게 한 뒤 지능지수가 140~200에 해당하는 1,470명의 학생을 선발했다. 그 뒤 반세기에 걸쳐 그들이 나타낸 교육 성과, 직업 변화, 승진 등에 관한 모든 정보를 기록했다. 루이스 터먼 연구 팀은 이 천재 집단이 사회적으로 두각을 나타내며 평균 지능을 가진 학생들에 비해 월등한 성공을 거둘 것이라 확신했다.

그러나 실험 결과는 뜻밖에도 연구 팀의 기대를 충족시키지 못했다. 피실험자 1,470명 중에서 몇 명의 유명 인사가 배출된 것을 제외하고는 이 집단의 대다수가 공무원과 같은 평범한 직업을 가졌으며 배관공, 청소부처럼 천재적인 지능이 필요하지 않은 분야에 종사하는 사람도 많았다. 1,470명의 천재 집단이 이룬 성과는 일반 사람들과 차이가 없었고 특별히 뛰어나지도 않았다. 오히려 1,470명에 포함되지 않았던 아이들 중 노벨상 수상자가 두 명이나 된다는 놀라운 사실이 밝혀졌다. 반세기에 걸친 연구 끝에 루이스 터먼 연구 팀은 다음과 같은 결론을 내렸다. "성공과 실패를 결정하는 주된 요소는 지능이 아니다."

루이스 터먼의 연구 결과처럼 지능이 성공의 결정적 요소가 아니라면, 과연 무엇이 성공과 실패를 결정하는 핵심 요소일까? 이와 관련해 미국 카네기멜론 대학에서 흥미로운 조사를 실시했다. 자신의 인생을 실패라고 평가한 1만 명의 사람에게 "본인이 성공하지 못한 이유는 무엇이라고 생각하는가?"라는 내용의 설문 조사를 한 것이다. 그 결과, 85%에 해당하는 사람이 '원만하지 못한 인간관계'를 가장 큰 실패 요인으로 꼽았다. 나머지 15%의 사람이 제시한 것은 지능, 재능, 기술적인 요인 등이었다. 카네기멜론 대학의 실험 결과는 인간관계가 지능보다 성공에 더욱 중요하다는 사실을 알려준다.

미국 보스턴 대학의 헬즈만 교수 팀도 성공과 출세에 가장 중요한 요인이 무엇인지 알아보기 위해 7세 어린이 450명을 대상으로 40년 동안 추적 조사를 했다. 아이들의 지능, 정서적인 능력, 부모의 사회적·경제적 지위 등을 포함해 모든 요인을 비교 분석한 뒤 헬즈만 교수 연구 팀이 내린 결론은 성공에는 정서 능력이 가장 중요하다는 것이었다. 정서 능력이란 다른 사람과 어울리는 능력, 감정을 조절하는 능력, 실패와 좌절에 대처하는 긍정적인 태도를 의미한다. 결국 보스턴 대학의 조사 결과를 보더라도 성공의 가장 중요한 요인은 대인 관계 능력이라는 사실을 확인할 수 있다.

실제로 내 주위를 봐도, 고등학교 때 공부를 열심히 했던 친구들은 평범한 직장인이나 학교 선생님이 되어 있는 반면, 친구들을 모아 밴드를 결성하고, 음악다방에서 DJ 활동을 하던 친구는 현재 매출액이 수백억에 이르는 회사를 경영하고 있다.

카네기멜론 대학과 보스턴 대학 외에도 수많은 연구 기관 조사에서 성공과 인간관계의 연관성에 관한 일관된 결과를 보여준다. 미국 퍼듀 대학 공학부에서는 졸업생들을 대상으로 학업 성적과 대인 관계, 연봉의 연관성을 조사했다. 그 결과, 학업 성적이 우수 그룹에 속했던 학생과 열등 그룹에 속했던 학생 간의 연봉 차이는 200달러에 불과한 반면, 대인 관계가 뛰어났던 그룹의 학생들은 성적이 우수한 그룹보다는 15%, 열등한 그룹보다는 무려 33% 정도 연봉이 높았다고 한다. 행복은 성적순이 아니라는 말도 있지만 퍼듀 대학의 조사에 따르면 연봉도 성적순이 아닌 것이다.

일본에서도 억만장자들을 대상으로 성공 요인에 대한 조사를 했는데, 연 수입이 많을수록 멘토의 숫자가 많은 것으로 나타났다. 삼성경제연구소 경영자 정보 사이트에서도 성공한 CEO들을 대상으로 "당신이 CEO의 자리에 오를 수 있었던 가장 중요한 요인은 무엇이라 생각합니까?"라고 질문한 결과, "대인 지능이 뛰어났기 때문"이라는 답변이 가장 높은 비율(29.2%)을 차지했다. 마지막으로 A. E.

위컴 박사의 「정신 탐구」라는 연구 보고서에 의하면 직장에서 해고 당한 4,000명 중 직무 수행에 문제가 있었던 사람은 전체의 10%인 400명인 데 반해, 대인 관계에 문제가 있었던 사람은 무려 90%나 되는 3,600명이었다.

지금까지 열거한 조사 결과뿐만 아니라 누구에게나 인정받을 만한 사회적 성공을 이룬 인물들을 살펴봐도 대부분 대인 관계가 원만하며 좋은 인맥을 형성했고 인간관계를 중시했다는 공통점을 발견할 수 있다. 한국인 최초의 유엔 사무총장 반기문은 외교부에 근무하던 시절, 선배와 동기들보다 먼저 승진하게 되자 미안하다는 인사말과 함께 더욱 열심히 노력하겠다는 내용의 편지를 선배와 동기 100여 명에게 일일이 보냈다고 한다.

세계 최고 부자인 마이크로소프트 사의 빌 게이츠Bill Gates는 원래 변호사나 과학자가 되는 게 꿈이었지만 마이크로소프트 사의 공동 창업자 폴 앨런Paul Allen과 최고 경영자 스티브 발머Steve Ballmer와 같은 인재를 만나 컴퓨터 황제의 자리에 오를 수 있었다. 삼성의 창업주 이병철 회장은 "실력과 재능으로 사업에서 성공하는 것은 전투에서 승리하는 것이지만, 신뢰와 진실된 마음의 휴먼네트워크를 구축하는 것은 전쟁에서 승리하는 것이다"라는 말로써 인맥의 중요성을 강조했다.

임진왜란 때 나라를 구한 이순신 장군의 『난중일기』에는 다소 이 채롭게 여겨질 만한 기록이 적혀 있다. "류성용 대감에게 유자 30개를 보내다"를 비롯해 당시의 권문세가에 이름을 새긴 칼을 보내거나 귀부인들이 좋아하는 고급 부채를 선물했다는 내용이 자주 등장한다. 선물과 함께 근무지의 정황을 자세히 적은 서신을 동봉하기도 했는데 군사 문제와 관련된 정책 결정에서 세도가들의 도움을 받기 위한 노력으로 이해된다. 역시 인맥은 동서고금을 막론하고 사회적 영향력을 발휘하기 위한 가장 강력하고도 대표적인 방법이다.

또한 이순신 장군은 사람을 매우 소중하게 여겼다. 포로가 된 왜군 중에서 15세밖에 안 된 아이를 발견하고는 『명심보감』을 직접 읽어 주며 교육을 시켰고, 헐벗은 백성에게는 입고 있던 옷을 벗어 주었으며, 굶주린 백성에게는 기꺼이 군량미를 나눠 주었다. 이런 성품 때문에 수많은 백성이 이순신을 흠모하며 따랐다. 뿐만 아니라 명나라 장수 진린陳璘이 일본과의 전투에서 아무런 전과를 올리지 못했을 때, 이순신은 조선군이 포획한 왜선 6척과 왜군 70명의 수급을 그의 공으로 돌림으로써 불편한 관계에 있던 진린을 자신의 열렬한 지지자로 만들었다. 이후 이순신의 인품에 감동한 진린은 선조에게 보내는 편지에 "이순신은 천지를 주무르는 경천위지(經天緯地)의 재주와 나라를 바로잡은 보천욕일(補天浴日)의 공로가 있는 사람이다"라는 글을 적기도 했다.

이렇듯 인간관계는 성공을 좌우하는 핵심 요소다. 그렇기에 부모가 자녀 교육에서 가장 관심을 갖고 노력해야 할 일도 적절한 대인관계 능력과 좋은 인맥을 형성할 수 있도록 지도하는 것이다. 부모의 노력 여하에 따라 친구들간의 따돌림 문제를 막을 수도 있고, 자녀를 인기 많은 아이로 성장시킬 수도 있다. 자녀의 학교생활뿐 아니라 훗

날의 원만한 직장 생활과 부부 관계, 사회적인 성공을 이루는 데도
큰 도움이 되리라는 것은 두말할 나위 없다.

　이를 위해서는 먼저 부모의 생각이 변해야 한다. 학습 능력이나 성
적을 올리는 것도 중요하지만 대인 관계 능력을 향상시켜주는 것이
인생에서 무엇보다 중요하다는 사실을 명심하고 자녀 교육에 임해
야 한다. 카네기멜론 대학의 조사와 보스턴 대학의 40년 연구가 말
해주듯, 성공은 지능이나 재능, 기술이 아니라 대인 관계 능력에 달
려 있기 때문이다.

행복의 90%를 결정짓는 것도 인간관계다

인생의 궁극적인 목적은 성공이 아니라 행복이다. 부모들이 최종적으로 자녀에게 바라는 것도 성공보다는 행복일 것이다. 그런데 사람들 대부분은 경제적으로 성공하면 행복은 저절로 찾아올 거라고 믿는 경향이 있다. 물론 완전히 틀린 이야기는 아니다. 그렇다고 완전히 옳은 이야기라고도 할 수 없다. 왜냐하면 세상에는 행복하지 못한 성공도 많기 때문이다. 가끔 신문이나 방송에 등장하는 유명인들의 자살 소식을 접하면 더더욱 그 사실을 절감하게 된다. 대기업 회장이 자살을 하고 유명한 영화배우, 탤런트, 가수가 스스로 목숨을 끊는다. 얼마 전에는 많은 사람에게 인기를 얻고 있던 강사가 남편과 함께 동반자살을 하는 사건도 발생했다. 행복하면 성공한 것이지만 성공했다고 행복한 것은 아니라는 말이 불변의 진리임을 보여주는 예인 셈이다.

미국에서 대기업 CEO들을 대상으로 성공과 행복의 관계에 대해 설문 조사를 벌인 적이 있다. 조사 결과, "CEO로 성공해서 행복해졌다"고 대답한 사람은 37%에 불과한 반면, "하루하루를 행복하게 살아서 CEO로 성공할 수 있었다"고 대답한 사람은 63%에 달했다. 성공하면 행복해질 것이라는 일반적인 믿음과 달리, 미국 CEO의 63%는 하루하루를 행복하게 사는 것이 성공의 비결이라고 대답한 것이다. 다시 말해 성공하면 행복해지는 것이 아니라 행복하게 살면 성공할 수 있다는 얘기다. 긍정심리학을 연구하는 미국 베일러 대학의 마이클 프리쉬Michael Frisch 교수는 행복한 사람이 돈을 더 많이 번다고 주장하기도 한다.

그렇다면 어떻게 해야 인생을 행복하게 살 수 있을까?

스위스의 한 노인이 자신의 80년 인생을 시간으로 쪼개어보았더니 가장 행복했던 시간은 46시간에 지나지 않았다고 한다. 46시간이 너무 적다고 생각하는가? 그렇다면 인생에서 가장 행복했던 시간은 불과 14시간뿐이었다는 괴테의 고백에 귀를 기울일 필요가 있다. 스위스 노인과 괴테, 두 사람의 말이 옳든 그르든 인생에서 저절로 주어지는 행복은 참으로 짧은 순간에 지나지 않는다. 따라서 우리는 행복하지 않은 시간도 행복하게 살 수 있는 지혜를 배워야 한다.

행복은 주어지는 것이 아니라 노력으로 얻어내는 것이며, 행복한 삶을 위해서는 성공적인 인간관계가 필수다. 덴마크 철학자 키에르케고르는 행복의 90%는 전적으로 인간관계에 의해 결정된다고 말했다. 실제로 어린 시절에는 부모와의 관계, 나이 들어서는 친구 관계, 결혼해서는 부부 관계, 직장에 들어가서는 회사 내 인간관계 등에 따라 행복과 불행이 갈린다. 독일 철학자 칸트는 행복의 세 가지 조건으로 '어떤 일을 할 것', '어떤 희망을 가질 것', '어떤 사람을 사랑할 것'을 꼽았다. 행복을 위해서는 타인을 사랑할 줄 알아야 하며, 진정한 의미에서의 대인 관계 능력이란 타인에게 사랑받는 능력뿐만 아니라 타인에게 관심을 갖고 이해하고 배려하며 사랑하는 능력을 의미한다.

미국 정신과 전문의 조지 베일런트George E. Vaillant가 쓴 『행복의 조건(Aging Well)』에는 흥미로운 조사 결과가 등장한다. 이 책에 따르면, 하버드 대학 연구진은 1937년부터 존 F. 케네디 대통령을 포함해 하버드 대학교의 전도유망한 2년생 268명의 삶을 72년간 추적 조사했다. 그리고 조사 결과, 성공적인 노후의 비결은 부나 명예, 학벌이 아니라 47세 무렵까지 형성된 인간관계임이 밝혀졌다. 즉 47세 이전까지 어떤 인간관계를 형성하느냐에 따라 노년의 삶이 행복한 사람과 불행한 사람으로 나뉜다는 것이다.

또한 영국 노팅엄 대학 심리학과의 리처드 터니Richard Tunney 박사 팀은 1,700여 명의 남녀를 대상으로 친구 숫자와 행복 지수의 상관관계를 조사했는데, 그 결과 친구가 5명 이하인 사람들은 "지금 행복하다"는 응답이 40%에 불과했다. 친구 숫자가 6명 이상을 넘어가면 행복을 느끼는 비율도 함께 높아졌고, 10명을 넘어가면서 비로소 "행복하다"는 응답이 "그렇지 않다"는 응답보다 많아지기 시작했다.

친구 숫자가 10명을 훨씬 넘어서면 행복 지수 역시 높아졌는데, 행복 지수가 최고에 달한 사람들의 친구 숫자는 여성의 경우 33명이었고, 남성은 49명으로 조사되었다. 전체적으로 보면 자신의 삶에 대해 "아주 만족스럽다"고 대답한 사람들의 친구 숫자는 "아주 불만족스럽다"고 대답한 사람들의 친구 숫자보다 두 배 정도 많았다.

미국 펜실베이니아 주에는 이탈리아 이민자들이 모여 사는 로제토 마을이 있다. 이 마을에는 알코올이나 약물 중독자가 없으며 범죄율과 자살률도 매우 낮을 뿐 아니라 55세 이하의 사람이 심장마비로 죽는 경우가 없고, 65세 이상도 심장마비 사망률이 미 전역 평균의 절반 수준에 불과했다. 오클라호마 대학의 스튜어트 울프Stewart Wolf 교수는 오랜 연구 끝에 로제토 마을의 건강 비결은 유전, 환경, 식생활, 운동 같은 물리적 요소가 아니라 공동체적 인간관계에서 형성된 친밀한 유대감이라는 사실을 밝혀냈다.

일리노이 대학의 에드 디너Ed Diener 교수와 긍정심리학의 대가, 마틴 셀리그먼Martin Seligman 교수는 「매우 행복한 사람(Very happy people)」이라는 논문을 발표했는데, 이 논문에서 222명의 사람을 대상으로 행복 지수를 측정한 뒤 가장 행복하다고 대답한 상위 10%에 해당하는 사람들과 나머지 90%의 사람들을 비교 분석했다. 그 결과, 두 비교군의 가장 큰 차이점은 돈, 직업, 건강 등이 아니라 인간관계라는 사실이 밝혀졌다. 상위 10%의 응답자는 친구들과 어울리고 관계를 유지하는 데 많은 시간을 할애하며 주변 사람들과 친밀한 인간관계를 형성하고 있었다.

원만한 대인 관계는 행복한 삶의 필수 조건이다. 학교 친구나 직장 동료들에게 따돌림을 당한다면 아무리 성적이 우수하거나 업무 능력이 뛰어나도 행복해지기 어렵다. 사업에서 큰 성공을 거두더라도 가족이나 부부 간에 갈등이 심하다면 그 또한 불행에 가까운 삶일 것이다. 최근 몇 년 사이 노인의 자살률이 급증하고 있는데 가장 큰 원인은 고독감인 것으로 알려졌다. 노년이 되었을 때 함께 어울릴 인간관계가 빈약하면 외롭고 쓸쓸한 삶이 될 것이다. 이처럼 행복의 대부분은 사랑과 애정을 주고받으며 친밀감을 나눌 수 있는 인간관계에 달려 있다.

미국의 심리학자 소냐 류보머스키Sonja Lyubomirsky는 "사회적 관계에 투자하는 것이 행복을 위한 최고의 전략"이라고 말했다. 진심으로 자녀의 행복을 바란다면 자녀가 원만한 대인 관계를 형성하고 있는지 점검하고 시기적절하게 자녀의 대인 관계 능력을 향상시켜줘야 한다. 부모의 자식 사랑은 내리사랑이지만, 자녀가 배워야 할 사랑은 받기만 하는 사랑이 아니라 사람을 소중히 여기는, 나누고 베푸는 사랑이어야 한다는 것, 그래야 자녀의 인생이 행복해진다는 것을 기억하자.

사람이 운명이다

대통령에서 물러난 클린턴이 아내 힐러리와 함께 차를 몰고 여행하던 중 주유소에 들렀다. 기름을 넣고 나서 계산을 하려는데, 주유소 사장의 얼굴을 보니 대학 시절 힐러리가 사귀던 남자친구였다. 몇 마디 대화를 주고받은 뒤 주유소를 빠져나오면서 클린턴이 의기양양한 표정으로 힐러리에게 말했다.

"당신이 저 사람과 결혼했다면 지금쯤 주유소 사장 부인이 되어 있었겠지?"

그 말을 듣고 힐러리가 당당한 목소리로 말했다.

"천만에, 나와 결혼했다면 저 사람이 미국 대통령이 되었겠지!"

옛말에 '여자 팔자는 뒤웅박 팔자'라는 말이 있는데 어떤 남편을 만나느냐에 따라 여자의 팔자가 달라진다는 뜻이다. 지금은 상황이 많이 달라졌지만 여성에게 경제력이 없던 시절, 아내의 삶은 전적으로 남편의 경제력에 따라 결정되었다. 최근에는 '여필종부(女必從夫)'라는 사자성어에 빗대어 만들어낸 우스갯말이 떠도는데, '여자는 필히 종합부동산세를 납부하는 남편을 만나야 한다'는 뜻이라고 하니 우습기도 하고 한편으로는 씁쓸한 생각도 든다.

그런데 위의 일화 속 힐러리의 말을 들어보면 이제는 남자의 팔자도 결국 어떤 아내를 만나느냐에 따라 달라지는 셈이다. 만약 주유소 사장이 힐러리와 결혼했다면 힐러리의 말대로 미국 대통령까지는 아니더라도 틀림없이 무언가 더 높은 지위에 오르지 않았을까 생각해본다.

고등학교 친구들과 술잔을 기울이다 보면 으레 학창 시절 이야기가 오가고 그때마다 빠지지 않는 농담 한 가지가 있다. A라는 친구가 B에게 "내가 너만 안 만났어도 하버드 대학 가는 건데……"라고 농담을 건네면 B 역시 "무슨 소리야! 나야말로 너만 안 만났어도 지금쯤 대통령이 되어 있었을 텐데……"라며 맞받아친다. 그러고는 모두가 유쾌하게 껄껄 웃어넘긴다. 과연 고등학교 때 어울렸던 친구가 달랐다면 운명은 또 어떻게 바뀌었을까? '친구 따라 강남 간다'는 말처럼 인생은 어떤 친구를 사귀느냐에 따라 180도 달라진다.

영국 런던 템스 강에서 한 소년이 수영을 하다가 급류에 휘말려 익사할 위험에 처했다. 소년은 다급한 목소리로 외쳤다.

“살려주세요! 누구 없어요? 제발 살려주세요!”

때마침 근처에서 밭을 매던 한 농부가 그 소리를 듣고 달려와 소년을 구해주었다. 얼마 뒤 사람들의 전갈을 받고 달려온 소년의 할아버지가 농부에게 말했다.

“아이의 생명을 구해준 은혜를 갚고 싶으니 소원이 있으면 말해보시오. 어떤 것이든 들어주겠소.”

농부는 잠시 고민에 잠기더니 소년의 할아버지에게 대답했다.

“제게 아들이 하나 있는데 어릴 때부터 의사가 되고 싶어했습니다. 하지만 넉넉하지 못한 집안 형편 때문에 대학에 보낼 수가 없답니다. 제 아들이 의사가 될 수 있도록 도와주신다면 정말 고맙겠습니다.”

소년의 할아버지는 기꺼이 농부의 소원을 들어주었다. 가난한 농부의 아들은 성 마리오 의과 대학에 입학해 열심히 공부했고, 1945년 노벨 생리의학상을 받아 세계적인 미생물학자가 되었다. 한편 가까스로 목숨을 건진 소년은 법대를 졸업한 뒤 26세의 나이에 하원의원에 당선해 정치계에 입문했다.

1940년 5월, 소년은 영국 수상이 되었지만 불과 2년 뒤 폐렴에 걸려 생사를 오가게 되었다. 당시 폐렴에는 치료약이 없었기 때문에 한번 병에 걸리면 대부분 목숨을 잃는 절망적인 상황이었다. 이때 기적과도 같은 일이 벌어졌다. 세균학 연구에 몰두하던 농부의 아들이 페니실린을 발견해 폐렴 치료에 성공함으로써 다시 한번 소년의 목숨을 구해준 것이다. 영국 수상이 된 소년의 이름은 윈스턴 처칠Winston Churchill이고, 처칠의 생명을 구해준 농부의 아들은 바로 알렉산더 플레밍Alexander Fleming이다.

플레밍의 아버지가 물에 빠진 처칠을 구해주고, 처칠의 할아버지가 그 은혜에 보답하기 위해 플레밍을 의과 대학에 보내주었으며, 그렇게 공부한 플레밍이 다시 폐렴에 걸린 처칠의 생명을 살려주는 기적 같은 인연이 만들어진 것이다. 이처럼 사람의 인연은 소중한 것이며 내가 베푼 선행은 반드시 더 큰 보답으로 돌아오게 마련이다. 부모가 자녀에게 일깨워줘야 할 것도 바로 이렇듯 신기한 사람의 인연이고, 인간관계의 힘이다. 만약 처칠의 할아버지가 플레밍을 의과 대학에 보내주지 않았다면 훗날 폐렴에 걸린 처칠은 치료를 받지 못해 목숨을 잃고 말았을지도 모를 일이다.

'봉생마중 불부이직(蓬生麻中 不扶而直), 백사재날 여지구흑(白沙在涅 與之俱黑)'이란 고사성어가 있다. 쑥이 삼밭에서 자라면 잡아주지 않아도 똑바로 자라고, 흰 모래가 검은 흙과 섞이면 함께 검어진다는 뜻이다. 원래 옆으로 퍼져 자라는 쑥이 삼밭에서는 똑바로 자란다는 뜻인데 식물도 이러하거늘 사람이야 어떻겠는가!

MIT 대학 교수이자 사회학자인 이디엘 데 솔라 풀Ithiel de Sola Pool은 100일 동안 한 사람의 활동을 추적 조사한 뒤 개인이 평생 동안 만나는 사람의 숫자는 3,500명이라고 추론했다. 미국 캘리포니아 어바인 대학의 사회학과 교수 팀은 전화번호부에서 무작위로 추출한 300명을 대상으로 아는 사람의 숫자를 체크하고 이를 통계적으로 추론한 결과, 한 사람이 평생 알고 지내는 사람의 숫자는 평균 5,520명이라고 주장했다. 요컨대 이들의 조사 결과를 분석하면, 사람의 운명은 평생 만나는 3,500~5,500명이 어떤 사람이냐에 따라 결정된다고 볼 수 있다.

일본 아사히맥주 회사 회장을 역임한 히구치 고타로樋口廣太郎는 "젊었을 때는 돈을 빌려서라도 좋은 인맥을 만들어야 한다. 물은 어떤 그릇에 담느냐에 따라 모양이 달라지지만 사람은 어떤 친구를 사귀느냐에 따라 운명이 달라진다"라는 말로 인맥의 중요성을 강조했다.

또한 스페인 속담에는 "그대의 친구를 말해보라. 그대가 어떤 사람인지 알아맞힐 테니"라는 말이 있는데, 사람들은 대부분 유유상종하기 때문에 그 사람에 대해 알고 싶으면 그가 사귀는 친구를 살펴보면 된다는 뜻이다. 이렇듯 자녀의 운명은 어떤 친구를 사귀느냐에 따라 달라진다는 사실을 명심하고 좋은 인맥을 형성할 수 있도록 부모가 노력을 기울여야 한다. 처칠과 플레밍의 사례에서도 알 수 있듯이 작은 인연, 어린 시절 친구 하나가 내 자녀의 평생 운명을 바꿔놓을 수도 있기 때문이다.

미국 뉴욕 렉싱턴 애비뉴 92번가에는 '92 스트리트 Y 유아원92nd Street Y Nursery School'이 있다. 유대계 교육기관인 이곳은 최고 부자 동네인 어퍼이스트사이드Upper East Side에 위치한 데다 유대인들이 선호하는 최고의 귀족 학교로 명성이 높다. 영화감독 우디 앨런, 캘빈 클라인, 에스티 로더 가문의 자녀들이 다니는 유아원이기도 하다.

Y 유아원은 1874년 유대계에 의해 설립되었는데 공식적인 등록금만 해도 연간 1만 6,000달러에 이르며 이외에도 수시로 기부금을 내는 것으로 알려져 있다. 정원을 4~6세 아동 175명으로만 제한하는

명문 유아원으로, 매년 300명에게만 입학 원서를 배부하고 지능검사와 면접시험을 통해 65명에게만 입학을 허가한다. 유명 가수 마돈나의 딸도 입학 허가를 받지 못했으며 투자증권사 살로만스미스바니Saloman Smith Barney의 애널리스트인 잭 그럽맨Jack Grubman은 이 유아원에 자기 아이를 입학시키기 위해 장거리 전화 회사, 월드컴WorldCom에 대해 유리한 분석 평가를 내려주는 부정을 저지르기도 했다.

Y 유아원을 졸업한 아이들은 대부분 브리얼리Brearley, 트리니티Trinity, 달튼Dalton 같은 뉴욕 최고의 사립학교에 입학하고 최종적으로 하버드, 예일 같은 아이비리그 대학에 진학하게 된다. Y 유아원이 인기를 끄는 데는 영재 교육을 받을 수 있고 명문 대학에 입학하기 유리하다는 장점도 부각되지만, 가장 큰 이유는 어려서부터 명문가의 자손들과 인맥을 맺으면 앞으로 직업적, 사회적 성공을 거두는 데 도움이 될 것이라는 미국 부모들의 인식이 중요하게 작용하기 때문이다.

부모 잘 만나 호강하고, 부모 잘못 만나 고생한다는 말이 있다. 부자 부모를 만나느냐 가난한 부모를 만나느냐에 따라 인생이 달라진다는 뜻이지만 인맥도 마찬가지다. 어렸을 때 좋은 인맥, 적절한 대인 관계 능력을 형성할 수 있도록 도와주는 부모를 만나면 호강하지만, 반대로 인맥 교육에 전혀 관심과 노력을 기울이지 않는 부모를 만나면 자식이 생고생하게 마련이다. 지금껏 자녀의 학습 교육에만 치중해왔다면, 이제는 아이의 인간관계에도 관심을 기울일 때다. 사람이 곧 운명이다.

소셜네트워크 시대에
필요한 것, 대인 관계 지능

'머리가 나쁘면 손발이 고생한다'는 말이 있다. 나는 이 말을 '집단지성이 뛰어나지 못하면 혼자서 고생한다'는 말로 바꾸고 싶다. 1983년 하버드 대학의 하워드 가드너Howard Gardner 교수는 『정신의 구조: 다중지능 이론』이라는 책에서, 지능에는 단순히 IQ와 같은 지적 지능만 있는 것이 아니라 여러 가지 서로 다른 지능이 존재하며 이런 지능들은 모두 동일한 비중으로 중요하다고 설명했다. 그리고 인간의 지능을 음악 지능, 신체 운동 지능, 논리수학 지능, 언어 지능, 공간 지능, 대인 관계 지능, 자기 이해 지능, 자연 탐구 지능의 8가지로 구분했다.

이중에서 대인 관계 지능은 다른 사람들과 교류하고 이해하며 그들의 행동을 해석하는 능력을 말한다. 대인 관계 지능이 높은 사람은 다른 사람의 기분, 감정, 의도를 잘 파악하고 표정이나 음성, 몸짓 등에 대한 감수성이 뛰어나기 때문에 폭넓은 교우 관계를 형성하며 사회관계에서 다른 사람들의 생각이나 행동에 큰 영향을 미치는 경우가 많다. 오바마, 링컨, 대처, 간디, 마틴 루터 킹, 테레사 수녀 등이 대인 관계 지능이 뛰어났던 대표적 인물이다. 대인 관계 지능이 뛰어난 사람은 정치, 종교, 사회, 기업의 각 조직에서 리더로서 능력을 발휘할 수 있다. 특히 사람을 많이 만나는 분야에서 일하려는 사람에게는 반드시 이 능력이 필요하다. 아이가 자라서 대기업 CEO가 되거나 사업을 통해 성공하기를 바란다면 어렸을 때부터 대인 관계 지능을 계발해주어야 한다.

'감성지능(Emotional Intelligence)'이란 용어를 처음 사용해 전 세계적으로 감정 지수 EQ(Emotional Quotient) 열풍을 불러일으켰던 심리학 박사 대니얼 골먼Daniel Goleman은 2006년에 출간한 『SQ 사회지능』에서는 새롭게 사회지능(Social Intelligence)의 중요성을 강조했다. SQ는 상대방의 생각과 감정을 잘 이해하고 타인과 원만하게 어울리는 능력을 의미한다. SQ는 선천적인 면보다는 후천적으로 길러지는 면이 더 커서 적절한 노력과 훈련으로 충분히 계발할 수 있다. 대니얼 골먼은 "성공하는 사람들의 지능이 IQ에서 EQ로, EQ에서 SQ로 진화하고 있으며 21세기에는 SQ가 높은 사람이 성공할 것이다"라고 강조한다.

그리고 SQ에 이어 이제는 NQ가 화제가 되고 있다. NQ(Network Quotient, 공존능력 지수)는 동국대학교 신문방송학과 김무곤 교수의

『NQ로 살아라』라는 책이 화제가 되면서 널리 알려졌다. NQ는 다른 사람들과 네트워크를 형성해 잘 어울려 살아갈 수 있는 능력을 의미하는 신조어다. 김무곤 교수는 21세기를 네트워크 사회로 보고 이러한 사회에서 성공하려면 IQ가 아니라 NQ가 높아야 하며, 예수, 유비, 석가모니 등을 NQ가 높았던 역사적 인물로 소개한다. 즉 NQ가 높을수록 다른 사람들과 원만한 관계를 유지하며, 타인과의 의사소통 능력과 네트워크 구축 능력이 개인의 성공에 영향을 준다는 개념이다. 온라인 취업 전문 사이트 '사람인'에서 직장인 711명을 대상으로 설문 조사한 결과에 따르면, 성공의 중요한 항목으로 '인맥·공존 능력 지수(NQ)'라는 응답이 32.9%로 가장 높게 나타나기도 했다.

최근 들어 트위터, 페이스북과 같은 SNS(Social Network Service)가 큰 인기를 얻고 있다. 어디를 가나 SNS에 대한 대화가 빠지지 않으며 트위터, 페이스북을 활용한 다양한 사례가 연일 신문 기사를 장식하고 있다. 2008년 스페인 사회학자 마누엘 카스텔Maunel Castells은 『네트워크 사회의 도래』라는 책에서 현대사회를 네트워크 사회로 정의했는데, SNS는 이러한 네트워크 사회로의 변화를 한층 가속화시키고 있다. 네트워크 사회의 여러 가지 특징 중 대표적인 것이 '집단지성'이다. 집단지성은 많은 대중이 서로 협력하거나 경쟁을 통해 얻게 되는 집단적 능력을 일컫는 용어인데, 이것이 개인별 능력의 총합보다 훨씬 뛰어나다고 한다.

세계적인 미래학자 제롬 글렌Jerome Clay Glenn 박사는 "지난 25년간의 변화보다 앞으로 25년 동안의 변화가 더욱 급격할 것이다. 미래는 개인들의 능력이 모인 집단지성에 의해 움직이게 된다"라는 말로 집단지성의 중요성을 강조했다. 집단지성의 의미를 쉽게 설명하면 '혼자서도 잘해요'의 시대에서 '함께여야 잘해요'의 시대로 바뀌고 있다는 뜻이다. 소셜네트워크 시대, 그리고 집단지성의 시대에는 노 하우(Know How)가 아니라 노 후(Know Who)가 중요하며, 본질적으로 는 내가 어떤 네트워크에 연결되어 있고 어떤 네트워크를 구축하고 활용할 수 있느냐와 관련된 노 웨어(Know Where)가 가장 중요한 의 미를 지닌다.

1967년 하버드 대학의 스탠리 밀그램Stanley Milgram 교수는 네브래 스카에서 보스턴으로 편지를 전달하는 일련의 실험을 전개했다. 실 험 방법은 한 통의 편지를 보스턴의 증권 중개인에게 가장 빨리 전 달할 만한 사람에게 보내면 그 편지를 받은 사람이 다시 가장 빨리 편지를 전달할 것으로 판단되는 사람에게 보내는 방식이었다. 실 험 결과, 편지가 전달되는 데는 평균 5.5단계가 걸린 것으로 드러났 다. 이 실험을 토대로 지구상의 두 사람을 무작위로 골라도 평균적 으로 6단계만 거치면 서로 연결될 수 있다는 '6단계 분리(Six-Degree Separation)' 이론이 생겨났으며, 세상은 우리가 생각하는 물리적 거리 보다 훨씬 좁다는 의미에서 '작은 세상 효과(Small World Effect)'라고 부르게 되었다.

통계학에서는 두 사람을 임의로 선택했을 때 두 사람이 각각 1,000명 의 사람을 안다는 전제 아래 계산하면, 인구가 5,000만 명인 나라에 서 두 사람이 서로를 알고 있을 확률은 5만분의 1, 두 사람이 공통의 친구를 가지고 있을 확률은 50분의 1, 중간에 친구 하나를 매개시키면 서로가 아는 사람이 나올 확률이 100분의 99 이상이라고 한다. 역시 한 단계만 거쳐도 세상은 급격히 좁아지는 것이다.

우리는 지리적 거리보다 훨씬 좁은 '작은 세상'에 살고 있으며 사회에서 성공을 원한다면 정보와 기회의 통로인 허브(hub) 같은 존재가 되어야 한다는 사실을 명심해야 한다. 자녀의 성공을 원한다면 지금까지 이야기한 대인 관계 지능, SQ, NQ를 계발하고 네트워크 사회의 집단지성을 활용할 수 있는 능력과 마인드를 길러주는 일에 자녀 교육의 초점을 맞춰야 한다. 지금은 '혼자서도 잘해요'가 아니라 '함께여야 잘해요'의 시대다.

인맥 교육의 세 가지 포인트

『비범한 삶(Life Is Tremendous)』이라는 책을 쓴 미국 작가 찰리 존스Charlie Jones는 "현재의 내 모습과 일 년 뒤 내 모습의 차이는 일 년 동안 어떤 사람을 만나느냐, 그리고 몇 권의 책을 읽느냐에 달려 있다"고 말했다. 인맥과 인간관계는 자녀가 어떤 모습으로 변화할지를 결정하는 핵심 요소다. 부모가 이런 사실을 잘 이해하고 자녀에게 뛰어난 대인 관계 능력을 길러주려면 먼저 대인 관계와 관련된 다음의 포인트를 이해해야 한다.

가치관

대인 관계는 사람, 만남, 관계에 대해 어떤 가치관을 지니고 있느냐에 따라 전적으로 달라진다. 미국의 조선(造船) 왕, 헨리 카이저 Henry Kaiser는 "인간은 저마다 신의 아들이므로 모든 인간이 중요하다 는 사실을 잊지 않는다면 자연스럽게 좋은 대인 관계를 유지할 수 있 을 것이다"라는 말을 남겼다. 타인을 자신과 마찬가지로 소중히 여 기면 원만한 인간관계가 형성될 가능성이 높지만 반대로 타인에게 무관심하거나 무시하면 대인 관계에 갈등과 장애를 초래할 가능성 이 높아진다.

또한 과학자 아인슈타인은 "세상을 보는 데는 두 가지 방법이 있 다. 한 가지는 모든 만남을 우연으로 보는 것이고, 다른 한 가지는 모 든 만남을 기적으로 보는 것이다"라는 명언을 남겼다. 이 말처럼 우 리가 타인과의 만남을 어떤 태도로 받아들이느냐에 따라 대인 관계 는 달라진다. 우연으로 생각하는 사람은 상대방을 대수롭지 않게 대 할 것이고, 기적처럼 여기는 사람은 상대방에게 최선을 다할 것이다.

다도(茶道)와 불가(佛家)에서 쓰이는 말 중에 '일기일회(一期一會)'라 는 사자성어가 있다. 이는 '평생 단 한 번의 만남' 또는 '평생 단 한 번의 만남처럼 생각하고 다른 사람을 대하는 마음가짐'을 뜻하는데, 성공적인 대인 관계를 위해서는 만남을 기적처럼 생각하고 모든 사 람을 일기일회의 마음으로 대하는 자세가 중요하다.

오스트리아 철학자 마르틴 부버Martin Buber는 대인 관계를 '나와 그 것' 또는 '나와 당신'의 태도로 구분했다. '나와 그것'으로 보는 사람 은 다른 사람들을 사물이나 풍경처럼 여겨 피상적인 관계에 머물고 자신을 위해 이용하려 든다. 하지만 '나와 당신'으로 보는 사람은 다른 사람들을 자신과 같은 존재로 소중히 생각해 애정을 주고받으며 진실된 관계를 추구한다.

이들 위인의 말에 따르면, 인간관계란 내가 만나는 사람을 '신의 아들', '기적', '당신'으로 바라보느냐, 아니면 '우연', '그것'으로 보느냐에 따라, 다시 말해 사람, 만남, 관계에 대해 어떤 가치관을 지니고 있느냐에 따라 결정적으로 달라진다.

버릇

자신의 이마에 손가락으로 '나'를 써보자. 그다음에는 '나'를 자신이 보는 방향에서 썼는지, 아니면 다른 사람들이 보는 방향에서 썼는지 떠올려보자. 자신이 보는 방향이라면 자기중심적인 성향, 다른 사람의 방향이라면 타인중심적인 성향에 해당한다. 이처럼 사람은 유전적 요인과 사회화 과정에서 형성된 특정한 행동을 고착화된 버릇으로 지니게 된다. 이런 버릇은 쉽게 변하지 않으며 대인 관계에 지속적이고 심대한 영향을 미친다. 긍정적인 버릇은 좋은 관계를 형성하는 데 도움이 되지만 부정적인 버릇은 인간관계에 갈등과 장애를 일으키는 요소가 된다.

'싸가지'라는 우리말이 있다. 강원도와 전라도 지역에서 쓰이는 '싹수'의 방언으로, '싹수'는 어떤 일이나 사람이 앞으로 잘될 것 같은 낌새나 징조를 의미한다. 따라서 '싹수가 없다'는 말은 나무나 풀의 새싹이 잘못되어 제대로 자라지 못하고 망가지게 되었다는 뜻이며, '싸가지 없다'라는 말은 근본이나 버릇이 잘못 형성되어 올바른 사람으로 자라지 못했다는 것을 의미한다.

사람은 누구나 싸가지 없는 사람을 싫어한다. 싸가지 없는 사람은 사회에서 환영받지 못할 뿐만 아니라 따돌림의 대상이 되기 쉽다. 직장에서도 마찬가지다. 여론 조사에 따르면 직장 상사의 90%는 일은 잘하지만 '싸가지 없는' 부하 직원보다는 능력은 보통이어도 '인간성 좋은' 직원을 신뢰하는 것으로 나타났다.

이렇듯 싸가지는 인간관계와 사회생활의 기본이다. 싸가지는 어렸을 때부터 가족 및 주변 사람과의 인간관계를 통해 형성된 말버릇, 몸버릇, 마음버릇이다. 세 살 버릇이 여든까지 간다는 말도 있듯이 어렸을 때부터 긍정적인 버릇을 들일 수 있도록 부모가 관심을 갖고 지도해야 한다.

미국의 위대한 계몽사상가 벤저민 프랭클린은 절제, 침묵, 질서, 결단, 절약, 근면, 진실, 정의, 중용, 청결, 침착, 순결, 겸손의 13가지 덕목을 수첩에 적어놓고 매일 저녁 그날 하루의 생각과 행동을 반성하고 점검했다. 또한 미국의 초대 대통령 조지 워싱턴은 참된 인간이 되기 위한 110가지 항목을 적어놓고 꾸준한 실천을 통해 습관화하려 노력했다. 이런 부단한 노력이 있었기에 이들이 역사상 위대한 인물이 될 수 있었던 것이다. 성공적인 대인 관계 또한 마찬가지다. 지속적인 실천을 통해 긍정적인 버릇을 가져야 한다.

대인 관계 스킬

세계적인 사회심리학자이자 철학자인 에리히 프롬Erich Fromm은 『사랑의 기술』이라는 책에서, "사랑은 저절로 이루어지는 것이라기보다는 우리 의지와 노력, 훈련에 의해 완성되는 것"이라고 썼다. 사랑, 우정을 포함해 모든 인간관계는 전적으로 노력에 달려 있으며 적절한 스킬을 배우고 실천하는 과정을 통해 이상적인 인간관계를 만들어나갈 수 있다. 대인 관계 스킬은 다음과 같이 정의할 수 있다.

대인 관계 스킬 = 인간관계를 성공적으로 이끌어가는 사교적 능력

사회에서 대인 관계 스킬이 뛰어난 사람은 주변 사람들과 친밀하고 신뢰감 넘치는 인간관계를 형성하며 다양한 분야에서 폭넓은 인맥을 구축할 수 있다. 결혼식에 3,000명의 하객이 참석했다는 방송인 박경림, 그리고 '인간 복덕방'이라 불리는 조영남을 비롯해 우리 주변에서는 대인 관계 스킬이 탁월한 사람을 종종 찾아볼 수 있다. 이런 사람들은 뛰어난 친화력을 가지고 처음 만난 사람들과도 쉽게 친해지며 빠른 시간 안에 사람들을 자기편으로 만든다.

이들은 어떻게 그런 뛰어난 스킬을 지니게 된 것일까? 미국 사회학자 마이컬슨Michelson은 "대인 기술은 학습을 통해 획득하는 것"이라고 말했다. 사람은 태어나면서부터 부모, 형제, 친구 등 주변 사람과의 교류를 통해 자연스럽게 대인 관계 스킬을 배운다. 하지만 사람마다 사회화 과정이 다르기 때문에 어떤 사람은 충분한 스킬을 습득

하는 반면 어떤 사람은 그렇지 못한 채 성장한다. 그런데 이런 스킬이 부족하면 좋은 인맥, 원만한 대인 관계를 형성하는 데 어려움을 겪게 된다.

대인 관계 스킬에는 말 건네기, 자기 공개, 질문, 경청 및 공감, 부탁, 거절, 감정 표현 등에 관련된 언어 스킬과 표정, 눈맞춤, 몸짓, 스킨십, 공간 활용 등과 관련된 비언어 스킬이 있다. 이외에도 인사법, 악수법, 자기소개법, 명함 교환법, 테이블 매너, 전화 응대, 고객 응대 등과 관련된 비즈니스 매너 등도 대인 관계 스킬의 한 부분을 차지한다. 성공적인 인간관계를 형성하려면 적절한 스킬을 갖추도록 꾸준히 훈련해야 한다.

지금까지 설명한 것처럼 인간관계에는 가치관, 버릇, 대인 관계 스킬이 중요한 영향을 미친다. 부모가 자녀의 대인 관계 역량을 키워주려면 올바른 가치관과 긍정적인 버릇을 형성시켜주고 적절한 스킬을 습득할 수 있도록 도와줘야 한다. 어렵게 생각할 필요 없다. 대부분의 요소는 부모와 자녀가 친밀한 관계를 쌓아가는 과정에서 자연스럽게 형성되기 때문이다. 가장 중요한 것은 자녀들에게 인간관계의 중요성을 깨우쳐주는 것이다. 헨리 카이저의 말처럼 사람과 만남, 관계를 소중히 여기는 사람이 좋은 관계를 자연스럽게 형성할 수 있기 때문이다.

우리 아이의 대인 관계는
어떤 유형일까?

일본 사가 현에 살던 16세 소년이 도쿄로 올라와 일본 맥도 널드의 최고 경영자 후지타 덴藤田田에게 면담을 청했다. 물론 안내 데 스크에서 거절당했다. 하지만 소년은 포기하지 않고 일주일 내내 끈 질기게 매달린 끝에 사장실에 들어갈 수 있었다. 후지타 덴을 만난 소년은 "세계적인 CEO가 되려면 어떤 사업을 해야 합니까?"라는 질 문을 던졌고, 후지타 덴은 "미래는 인터넷, 노트북, 소형 컴퓨터의 시대가 될 것이다"라고 대답해주었다. 얼마 뒤 소년은 미국으로 건 너가 컴퓨터 공부를 시작했고 졸업 후 일본으로 돌아와 회사를 설립 했다. 이 회사가 소프트뱅크SoftBank이며, 후지타 덴을 만나기 위해 일 주일을 매달렸던 소년이 '일본의 빌 게이츠'라고 불리는 젊은 날의 손정의다.

자녀가 손정의처럼 적극적으로 좋은 인맥, 훌륭한 멘토를 만나러 다닌다면 부모로서는 두말할 나위 없이 행복한 일이겠지만 세상의 모든 아이가 그렇지는 않다는 것도 분명한 사실이다. 내 경우를 보더라도 그렇다. 지금은 인맥 관리를 주제로 활동하며 휴대폰에 저장된 사람만 2,000명이 넘고 한 달에 20여 차례 이상 모임, 행사에 참석하고 있지만, 중학생 시절 부모님한테 가장 많이 들었던 잔소리는 "너는 친구도 없니? 제발 좀 나가서 놀아라!"였다. 그때의 나는 그랬다. 친구나 우정이란 의미 없는 단어이며 현실에는 존재할 수 없는 이상에 불과하다고 생각하던 철부지 소년이었다. 그런 엉뚱한 생각 때문에 초등학교, 중학교를 함께 다녔던 친구 중에서 지금까지 연락을 주고받는 친구는 두 명에 불과하다. 만약 그때 '친구는 정말 소중한 존재'라는 가치관을 가질 수 있었다면 나의 교우 관계 또한 매우 달라졌을 것이다.

부모의 역할이 중요한 까닭이 여기 있다. 과연 내 아이는 어떤 생각, 어떤 태도로 인간관계를 맺고 있는지 주의 깊게 살펴보며 올바른 생각과 태도를 심어주는 것이 부모의 역할이다. 이를 위해서는 무엇보다 아이의 대인 관계 유형을 알아둘 필요가 있다. 사람마다 인간관계를 맺는 유형이 매우 다르게 나타나는데, 미국 심리학자 도널드 키슬러Donald J. Kieslerer는 이러한 대인 관계 유형을 8가지로 구분해 설명한다. 다음의 체크 리스트를 토대로 우리 아이의 대인 관계는 어떤 유형에 해당하는지 살펴보자(『젊은이를 위한 인간관계의 심리학』 참조).

다음의 40개 문항은 지배형(1, 9, 17, 25, 33번), 실리형(2, 10, 18, 26,

 ## 대인 관계 유형 체크 리스트

아래에 제시된 문항을 읽고 자녀의 특성을 반영한다고 생각하는 점수에 O표를 하시오.

전혀 그렇지 않다	약간 그렇다	꽤 그렇다	매우 그렇다
1	2	3	4

1. 자신감이 있다	1 2 3 4	21. 온순하다 1 2 3 4
2. 눈치가 빠르다	1 2 3 4	22. 단순하다 1 2 3 4
3. 혼자 있는 것을 좋아한다	1 2 3 4	23. 친구들과 사이가 좋다 1 2 3 4
4. 친구가 없다	1 2 3 4	24. 밝고 쾌활하다 1 2 3 4
5. 자신감이 없다	1 2 3 4	25. 리더십이 있다 1 2 3 4
6. 마음이 약하다	1 2 3 4	26. 계산적이다 1 2 3 4
7. 친구들과 어울리는 것을 좋아한다	1 2 3 4	27. 쌀쌀맞다 1 2 3 4
8. 친구가 많다	1 2 3 4	28. 쾌활하지 않다 1 2 3 4
9. 앞장서기를 좋아한다	1 2 3 4	29. 조심성이 많다 1 2 3 4
10. 자기 것을 잘 챙긴다	1 2 3 4	30. 솔직하다 1 2 3 4
11. 친구가 자주 바뀐다	1 2 3 4	31. 친구들에게 인기가 많다 1 2 3 4
12. 낯을 가린다	1 2 3 4	32. 사교성이 있다 1 2 3 4
13. 자기주장이 약하다	1 2 3 4	33. 지시하는 것을 좋아한다 1 2 3 4
14. 양보를 잘한다	1 2 3 4	34. 자기중심적이다 1 2 3 4
15. 인정이 많다	1 2 3 4	35. 이해심이 없다 1 2 3 4
16. 붙임성이 있다	1 2 3 4	36. 눈치가 없다 1 2 3 4
17. 자기주장이 강하다	1 2 3 4	37. 온순하다 1 2 3 4
18. 실리를 잘 따진다	1 2 3 4	38. 너그럽다 1 2 3 4
19. 말이 없고 조용하다	1 2 3 4	39. 친절하다 1 2 3 4
20. 붙임성이 없다	1 2 3 4	40. 융통성이 뛰어나다 1 2 3 4

34번), 냉담형(3, 11, 19, 27, 35번), 고립형(4, 12, 20, 28, 36번), 복종형(5, 13, 21, 29, 37번), 순박형(6, 14, 22, 30, 38번), 친화형(7, 15, 23, 31, 39번), 사교형(8, 16, 24, 32, 40번)의 8개 유형으로 구분되며 각각 5개 문항의 점수를 합산하면 유형별 점수가 된다. 각 유형의 점수는 5~20점이다. 유형별 점수를 47쪽 '대인 관계 유형표'의 해당 위치에 점으로 표시하고 8개 점을 모두 직선으로 연결하면 팔각형이 만들어진다. 가장 점수가 높고 돌출이 두드러진 쪽이 자녀의 대인 관계 유형에 해당한다. 대인 관계 유형은 한 가지 특성만 강하게 나타난다기보다는 몇 가지 유형이 동시에 나타나는 경향이 있다. 즉 지배형에 속하면서도 실리형, 냉담형의 특성을 지닐 수 있으며 반대로 복종형에 속하면서도 순박형, 친화형의 특성을 나타낼 수 있다. 따라서 우리 아이의 성격은 어떤 요소를 강하게 나타내는지를 살펴보는 참고 자료로만 이해해야 한다.

지금 우리 아이는 어떤 유형에 해당하는지 알아보자. 그리고 각각의 유형이 지니는 장점은 살리고, 단점은 없앨 수 있도록 관심과 노력을 기울이자.

대인 관계 유형별 특성

1. 지배형

대인 관계에서 자신감이 있으며 자기주장이 강하고 타인에게 주도권을 행사하는 경향이 있다. 지도력과 추진력이 있어서 집단적인 일

대인 관계 유형표

지배형
사교형
친화형
순박형
복종형
고립형
냉담형
실리형
20
15
10
5
5
10
15
20
20
15
10
5
5
10
15
20

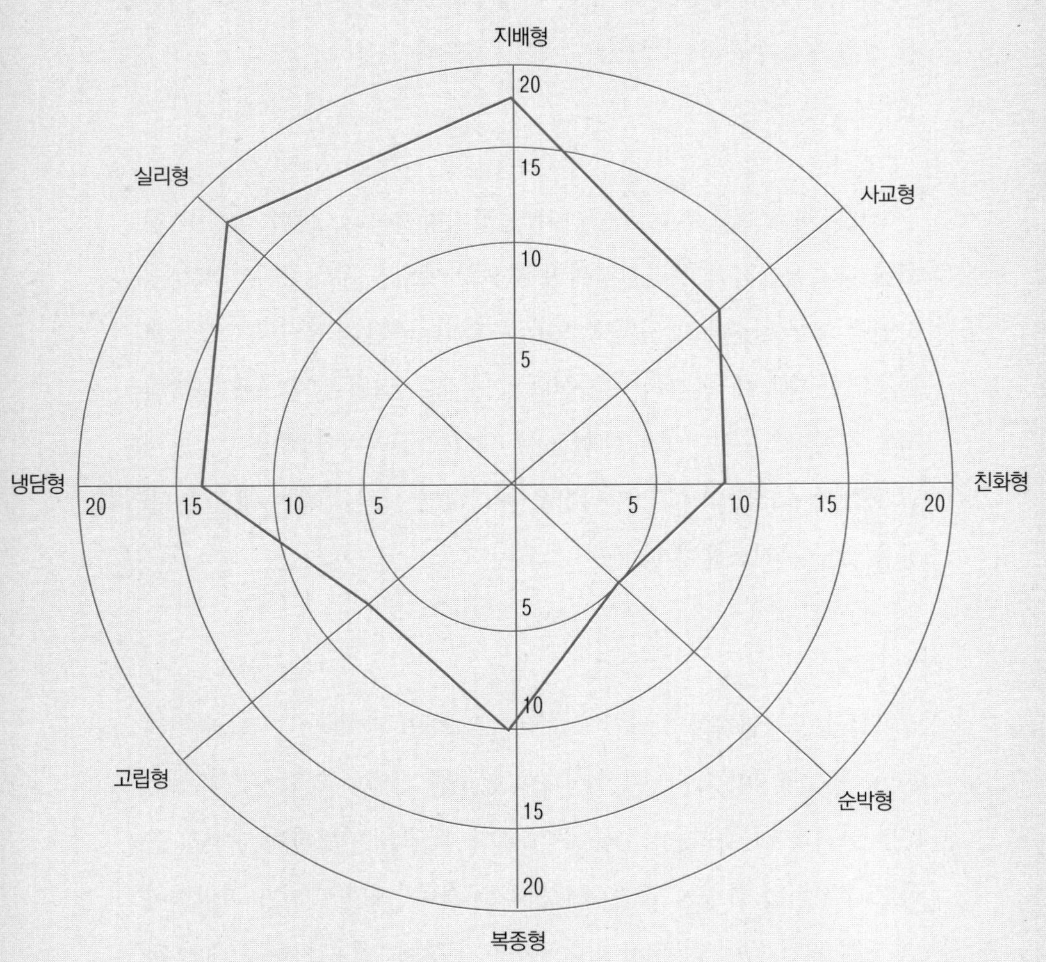

을 잘 지휘할 수 있다. 그러나 이러한 성향이 과도하면 강압적이고 독단적인 행동을 나타내며 논쟁을 일으켜 타인과 잦은 마찰을 겪을 수 있다. 자녀의 대인 관계 유형이 지배형에 해당한다면 타인의 의견을 경청하고 수용하는 자세를 갖도록 지도해야 한다.

2. 실리형

이해관계에 민감하고 치밀하며 성취지향적이다. 이런 성향이 강하면 자기중심적이고 경쟁적이며 자신의 이익을 우선시하기 때문에 타인에 대한 관심과 배려가 부족할 수 있다. 타인을 신뢰하지 못하고 불공평한 대우에 민감하며 자신에게 피해를 입힌 사람에게 보복하려는 경향이 있다. 자녀의 대인 관계 유형이 실리형에 해당한다면 대인 관계에서 타인의 이익과 입장을 배려하며 신뢰를 쌓는 데 깊은 관심을 갖도록 지도해야 한다.

3. 냉담형

이성적이고 냉철하며 의지력이 강하고, 대인 관계에서 타인과 거리를 두려는 성향이 있다. 이런 성향이 강하면 타인의 감정에 무관심할 뿐만 아니라 타인에게 상처를 주기 쉽다. 타인을 따뜻하게 대하지 못하고 긍정적인 감정을 쉽게 표현하지 못하며, 대인 관계가 피상적이고 오랜 기간 깊이 있게 사귀지 못하는 경향이 있다. 자녀의 대인 관계 유형이 냉담형에 해당한다면 타인의 감정에 깊은 관심을 갖고 긍정적인 감정을 부드럽게 표현하는 기술을 습득하도록 지도해야 한다.

4. 고립형

홀로 있거나 혼자 일하는 것을 좋아하며 감정을 잘 드러내지 않는다. 이런 성향이 강하면 타인을 두려워하고 사회적 상황을 회피하며 자신의 감정을 지나치게 억제하게 된다. 침울한 기분이 지속되고 우유부단하며 사회적으로 고립될 수 있다. 자녀의 대인 관계 유형이 고립형에 해당한다면 대인 관계의 중요성을 인식시키고 사람들과 관계를 맺는 데 조금 더 적극적인 노력을 기울이도록 지도해야 한다.

5. 복종형

대인 관계에서 수동적이고 의존적이며 타인의 의견을 잘 따르고 주어지는 일에 순종한다. 하지만 자신감이 없고 타인에게 주목받는 일을 피하며 자신이 원하는 바를 잘 전달하지 못한다. 이런 성향이 강하면 자신의 의견과 태도를 확고하게 지니지 못해 리더의 위치에서 일하는 것을 부담스러워한다. 자녀의 대인 관계 유형이 복종형에 해당한다면 자기표현력이나 자기주장 능력을 키워주고 대인 관계에서의 독립성을 높이도록 지도해야 한다.

6. 순박형

단순하고 솔직하며 대인 관계에서 너그럽고 겸손한 편이다. 그러나 이런 성향이 강하면 타인에게 쉽게 설득당해 주관 없이 끌려다닐 우려가 있으며 잘 속거나 이용당할 수 있다. 타인의 의견에 반대하지 못하고, 화가 나도 제대로 표현하지 못한다. 자녀의 대인 관계 유형이 순박형에 해당한다면 대인 관계에서 타인의 의도를 좀 더 깊이 생각하고 신중하게 행동하도록 가르치고, 평소에도 자신의 의견을 솔직하게 표현하고 주장할 수 있도록 지도해야 한다.

7. 친화형

마음씨가 따뜻하고 인정이 많으며 대인 관계에서 타인을 잘 배려하고 자기희생적인 태도를 보인다. 타인을 즐겁게 해주려고 지나치게 노력하며, 타인의 고통과 불행을 보면 도와주려고 과도하게 나서는 경향이 있다. 타인의 요구를 잘 거절하지 못하고 자신보다 앞세우는 경향이 있어 자신의 이익을 지키지 못한다. 자녀의 대인 관계 유형이 친화형에 해당한다면 타인과의 정서적 거리를 유지하며 타인의 이익만큼 자신의 이익도 중요하다는 사실을 명확하게 인식하도록 지도해야 한다.

8. 사교형

외향적이고 쾌활하며 대화하기를 좋아하고 타인에게 인정받으려는 욕구가 강하다. 혼자서 시간 보내는 것을 어려워하며 타인의 활동에 적극적으로 간섭하려는 경향이 있다. 타인의 시선을 끄는 행동을 많이 하거나 자신의 개인적인 일을 쉽게 털어놓는 편이다. 자녀의 대인 관계 유형이 사교형에 해당한다면 타인뿐만 아니라 자기 자신에게도 좀 더 많은 관심을 지니도록 지도해야 한다.

빌 게이츠를 세계 1위
부자로 만든 인맥

12세 무렵, 빌 게이츠는 사춘기에 접어들며 부모와 자주 마찰을 빚었다. 어느 날, 빌의 아버지는 유난히 심하게 반항하는 아들의 태도에 화가 머리끝까지 치밀어오른 나머지 잔에 담긴 물을 아들의 얼굴에 끼얹고 말았다. 언제나 자신의 편을 들어주던 아버지의 갑작스러운 행동에 빌은 큰 충격을 받았고, 한동안 사람들과의 접촉을 피한 채 자기 방에만 틀어박혀 있었다. 걱정이 된 아버지는 아들을 데리고 의사를 찾아갔다. 진료를 마친 의사는 빌의 아버지에게 "빌은 개방적인 성향을 지니고 있으니 구속하지 말아야 합니다"라고 조언했다. 그 뒤 아버지는 아들이 자유롭게 공부할 수 있도록 사립학교로 전학을 보냈고, 빌은 그곳에서 처음 본 컴퓨터에 빠져들게 되었다. 훗날 빌의 아버지는 "세계 최고 컴퓨터 황제의 탄생은 한 잔의 물세례에서 비롯되었다"고 회고했다.

빌 게이츠에게는 물세례를 받을 만큼 반항적인 기질뿐만 아니라 다소 엉뚱한 면도 많았다고 한다. 22세 때는 과속 운전을 하다가 경찰에 체포된 적도 있으며, 하버드 대학교에 다닐 때는 포커 게임을 즐겼는데 마이크로소프트 사의 창업 자금도 포커를 해서 벌어들인 돈이라는 소문이 나돌 정도였다.

아무튼 빌 게이츠는 현재 세계 1위의 부자다. 『포브스(Forbes)』지가 발표한 '2010년 미국 400대 갑부' 명단에 따르면, 빌 게이츠는 540억 달러(63조 원)의 재산으로 17년 연속 미국 최고 갑부의 자리를 지켰다. 워싱턴 호수 주변에 있는 빌 게이츠 저택의 가격은 대지와 건물을 합해 1억 5,000만 달러에 이르며, 부엌 6개, 화장실 24개, 120명이 함께 식사할 수 있는 대형 식당과 수영장을 갖추고 있다. 미술품 수집가이기도 한 빌 게이츠는 경매에서 레오나르도 다빈치의 연구 노트를 3,080만 달러에 사들이기도 했다.

2008년 3월 27일, 33년간 이끌어오던 마이크로소프트를 떠난 빌 게이츠는 현재 자선 활동에 전념하고 있다. 빌 게이츠가 부인 멀린다와 함께 설립한 '빌 앤 멀린다 게이츠 재단'은 지금까지 280억 달러에 이르는 금액을 기부했으며, 게이츠 부부는 자녀에게 물려줄 1,000만 달러의 유산을 제외하고는 모든 재산을 사회에 기부하겠다는 뜻을 밝혔다.

빌 게이츠의 인생은 그야말로 한 편의 신화에 가깝다. 게다가 실패의 흔적이라고는 찾아보기 어려운, 그야말로 완벽한 성공 스토리다.

세계에서 가장 존경받는 기업인 1위, 디지털 제국의 제왕, 컴퓨터 천재, 세계 최고 갑부, 세계 최고 기부 왕, 아름다운 부자 등이 모두 빌 게이츠를 수식하는 말들이다. 과연 무엇이 이토록 빛나는 부와 성공, 명예를 그에게 안겨다준 것일까? 여러 가지 이유가 있겠지만 무엇보다도 빌 게이츠의 주변에는 최고의 인맥이 존재했다.

제1의 인맥, 아버지와 어머니

1955년 미국 워싱턴 주 시애틀에서 태어난 빌 게이츠의 본명은 윌리엄 헨리 게이츠 3세William Henry Gates III다. 그의 아버지 윌리엄 H. 게이츠 2세는 유명한 변호사였으며, 어머니 메리 게이츠는 퍼스트인터스테이트뱅크First Interstate Bank의 이사였고, 세계공동모금회United Way International 회장을 역임했다. 외할아버지 J. W. 맥스웰은 미국 국립은행 부은행장을 지냈다. 어찌 보면 이런 명문가에서 태어난 빌 게이츠는 행운아라고도 말할 수 있을 것이다.

실제로 빌의 어머니는 빌 게이츠가 마이크로소프트 사를 창업할 무렵 미국 공동모금회United Way 이사로 활동했는데, 당시 IBM의 임원이었던 존 에이커스John F. Akers도 같은 이사회 멤버였다. 결국 대기업과의 거래가 관행이던 IBM이 신생 기업에 불과한 마이크로소프트를 '디스크 운영 체제(DOS)' 개발 사업 파트너로 선택한 데에는 빌의 어머니, 메리 게이츠의 인맥이 큰 영향을 미쳤을 것이다.

워런 버핏Warren Buffett과 빌 게이츠의 인연 또한 메리 게이츠의 주선으로 이루어졌다. 빌 게이츠는 어머니의 권유로 참석한 기업인 모임에서 워런 버핏을 처음 만났으며, 25년이라는 나이 차이를 뛰어넘어 지금까지 돈독한 우정을 유지해오고 있다. 2006년, 워런 버핏은 자기 재산의 85%에 해당하는 370억 달러를 '빌 앤 멀린다 게이츠 재단'에 기부했다. 자신이 직접 설립한 재단이 있음에도 불구하고 빌 게이츠가 운영하는 재단에 재산을 기부한 것을 보면 두 사람의 우정과 신뢰가 얼마나 깊은지 미루어 짐작할 수 있다.

또한 메리 게이츠는 일요일 저녁마다 온 가족이 모인 만찬 자리에서 자녀들에게 자선 활동의 중요성과 가치를 강조해 들려주었다고 한다. 훗날 빌 게이츠가 세계 최고의 기부 왕이 될 정도로 자선 활동에 적극 나선 것은 어린 시절 어머니가 심어준 올바른 가치관 덕분인 것이다.

빌의 어머니뿐만 아니라 아버지 역시 그에게 많은 도움과 영향을 주었다. 빌이 어렸을 때 백과사전을 독파할 정도로 독서광이었던 것은 아버지가 늘 책 읽기를 강조했기 때문이다. 그러면서도 빌이 사람보다 책을 더 좋아할 정도로 독서에 빠져들었을 때는 "밖에 나가 놀아라"라고 충고하며 사교성이 부족해지지 않도록 지도했다. 말로만 가르친 것이 아니라 빌을 자주 파티에 데려가 사람들에게 인사시키고, 자신이 주최하는 연회 때는 아들에게 웨이터 일을 시키며 대인 관계의 경험을 쌓게 해주었다. 매년 예닐곱 가족과 함께 시카고에 있는 가족 별장에서 휴가를 보내며 아이들끼리 어울리게 한 것도 아들을 위한 배려였다.

빌 게이츠는 이런 아버지에 대해 "아버지 덕분에 어려서부터 어른들을 대하고, 특히 건축가부터 정치가에 이르기까지 다양한 직업을 가진 사람들을 만나면서 일찍 성숙해졌다"고 회고한다. 이처럼 빌의 부모는 어릴 때부터 아들의 사교성을 길러주고, 좋은 친구들과 두루 어울릴 기회를 만들어주기 위해 적극적인 노력을 기울였다. 또한 워런 버핏 같은 뛰어난 인물과의 만남을 주선했고, 아들의 사업에 도움이 될 만한 인맥을 연결해주었다. 부모의 이런 도움이 있었기에 빌 게이츠가 순탄한 성공가도를 달릴 수 있었던 것이다.

제2의 인맥, 폴 앨런과 스티브 발머

1975년 4월 4일, 빌 게이츠는 하버드 대학을 중퇴하고 21세의 폴 앨런과 함께 자본금 1,500달러를 갖고 마이크로소프트 사를 창업했다. 초등학교를 졸업한 뒤 빌은 시애틀의 명문 사립학교인 레이크사이드 스쿨Lakeside School에 입학했는데, 폴 앨런은 여기서 만난 2년 선배다. 빌 게이츠와 폴 앨런은 사업 단짝이 되어 1974년 소형 컴퓨터용 프로그램 언어인 '베이직(Basic)'을 개발했고, 교통량 데이터 분석 프로그램을 만들어 돈을 벌기도 했다. 세계 최초의 개인용 컴퓨터 탄생이 임박했을 무렵 폴 앨런은 이 소식을 빌에게 알려줬고, 빌은 대학을 중퇴하고 회사를 설립하겠다는 결심을 굳히게 된다.

빌과 폴은 모든 사무실과 가정에서 컴퓨터가 사용될 것이라는 믿음을 갖고 PC용 소프트웨어를 개발하기 시작했다. 1981년 IBM으로

부터 운영 체제 프로그램 개발을 의뢰받아 사업의 기틀을 마련했고, 1995년 'Windows 95'를 출시함으로써 개인용 컴퓨터 시장의 획기적인 전환을 가져왔다. 'Windows 95'는 발매 나흘 만에 전 세계적으로 100만 개가 넘게 팔리는 판매 실적을 기록했고, 마이크로소프트 사는 세계 컴퓨터 시장의 주도권을 장악하며 엄청난 부를 쌓아갔다.

빌 게이츠의 또 다른 친구, 스티브 발머는 하버드 대학 같은 기숙사에서 지내다가 알게 된 사이다. 스티브는 대학을 졸업한 뒤 비누, 세제 등의 가정용품 제조사인 프록터앤갬블Procter & Gamble 사에서 일하다가 1980년 빌의 스카우트 제의를 받고 마이크로소프트 사에 입사했다. 영업력이 떨어지는 빌을 대신해 20여 년간 영업을 담당했고, 매우 뛰어난 실적을 올렸다. 2000년, 판매 및 지원 담당 부사장이었던 그는 빌 게이츠의 뒤를 이어 마이크로소프트의 최고 경영자가 되었다.

이처럼 빌 게이츠의 성공은 폴 앨런과의 공동 창업, 스티브 발머와의 적절한 역할 분담을 통해 이루어졌다. 특히 스티브 발머는 빌 게이츠가 모든 비밀을 털어놓는 유일한 친구이며, 그들은 자신들의 관계를 두고 '결혼'이라 일컬을 정도로 동반자 의식을 지니고 있다. 만약 빌 게이츠가 레이크사이드 스쿨에서 폴 앨런을 만나지 못했다면, 그리고 하버드 대학 기숙사에서 스티브 발머를 만나지 못했다면, 마이크로소프트의 성공 신화는 존재하지 않았을 것이다.

제3의 인맥, 아눕 굽타와 핵심 인재들

빌 게이츠는 한 인터뷰에서 자신의 성공 비결은 "직원들이 'Smart people'이기 때문"이라며 "우리에게서 상위 20명의 인재를 스카우트해 간다면 마이크로소프트는 전혀 무게감 없는 회사로 전락할 것이다"라고 말했다. 이러한 신념을 바탕으로 빌은 우수한 인재 확보를 위해 부단한 노력을 기울였다.

1997년, 스탠퍼드 대학 교수 아눕 굽타Anoop Gupta는 세계적인 소프트웨어 기술자로 명망을 얻고 있었다. 이 소문을 들은 빌은 자신의 전용기를 보내 만찬에 초대하는 등 아눕 굽타의 영입에 많은 공을 들이기 시작했다. 그러나 아눕 굽타는 빌의 제안에 꿈쩍도 하지 않았다. 아무리 애를 써도 별다른 진전이 없자, 빌은 아눕 굽타가 소속되어 있던 회사를 통째로 인수해버렸다. 결국 아눕 굽타는 빌 게이츠와 함께 일하기로 마음을 바꿨고, 현재 마이크로소프트의 부사장으로서 신기술 개발을 주도하고 있다.

이외에도 빅 군도트라Vic Gundotra, 브라이언 밸런타인Brian Valentine을 비롯한 수많은 인재가 마이크로소프트에 합류해 빌 게이츠와 함께 컴퓨터 제국을 건설해갔다. 최근에도 마이크로소프트는 300여 명으로 구성된 '캔디더트 제너레이터Candidate Generator'라는 인재 발굴 팀을 운영하고 있으며 인종, 국경, 성별, 연령에 상관없이 전 세계의 역량 있는 인재들을 스카우트하고 있다.

이렇듯 빌 게이츠의 성공에는 아버지와 어머니, 폴 앨런과 레이크사이드 스쿨, 스티브 발머와 하버드 대학, 아눕 굽타를 비롯한 수많은 유능한 인맥의 도움이 함께했다. 명문가의 자녀로 태어나 유복한 환경에서 자랐고 어릴 때부터 컴퓨터를 접했던 빌 게이츠는 행운의 주인공이다. 사실 이 점에 대해서는 빌 게이츠 자신도 "내가 이룬 성공에는 행운이 엄청난 역할을 했다"고 털어놓기도 했다.

하지만 빌 게이츠가 맺은 인맥까지 행운이나 우연한 인연으로 치부하는 것은 옳지 않다. 그것은 어린 시절부터 부모를 통해 대인 관계의 중요성을 깨닫고 좋은 인맥을 구축하기 위해 노력해온 빌 게이츠 자신의 공임을 인정해야 한다. 실제로 그는 하버드 대학 재학 시절 포커 게임을 통해 많은 친구를 사귀었으며, 영업의 귀재 스티브 발머 또한 빌 게이츠와 함께 기숙사에서 포커 게임을 즐기던 친구였다. 이와 같은 빌 게이츠의 끝없는 노력과 인맥, 그리고 스스로 돕는 자를 돕는 하늘이 내려준 특별한 행운이 있었기에 빌 게이츠가 세계 1위의 행복한 부자가 될 수 있었던 것이다.

빌 게이츠가 한 말로 잘못 알려져 있는 '10가지 조언'은 1996년 9월 19일, 미국 교육자 찰스 사이크스Charles J. Sykes가 '학교에서는 배울 수 없는 것들(Some rules kids won't learn in school)'이라는 제목으로 신문에 기고한 글이다. 그 글에 나오는 첫번째 조언은 다음과 같다.

Life is not fair; get used to it.
(인생은 공평하지 않다. 그 사실을 받아들여라.)

찰스 사이크스의 말처럼, 그리고 빌 게이츠의 사례처럼 인생은 공평하지 않다. 아니, 오히려 매우 불공평한 것이 인생이다. 그러나 그 사실을 직시하지 않으면 인생은 더욱 불공평해진다. 인생은 절대 공평하지 않다는 사실, 빌 게이츠 역시 좋은 인맥을 만들기 위해 부단히 힘썼다는 사실을 아이들에게 들려주자. 그리고 행복한 성공과 부를 원한다면 빌 게이츠보다 더 많은 인맥을 만들어야 한다는 점을 알려주자. 불공평한 인생을 공평하게 만들어주는 것, 그것이 바로 인맥이다.

워런 버핏을 세계 2위
부자로 만든 인맥

2010년 6월 11일, 치열한 경쟁 속에 진행된 '워런 버핏과의 점심' 경매가 263만 달러(한화 약 33억 원)에 낙찰되었다. 낙찰자는 세 시간 동안 점심식사를 하며 버핏 회장의 조언을 들을 수 있다고 하니 '오마하Omaha의 현인'을 만나는 데 시간당 11억 원을 투자한 셈이다.

워런 버핏은 장황한 설명이 필요 없는 인물이다. 지주회사 버크셔해서웨이Berkshire Hathaway 회장을 맡고 있는 그는 투자의 달인으로 알려져 있으며 기부 왕으로도 소문이 나 있다. 2006년 자신의 재산 중 85%에 해당하는 370억 달러를 자선단체에 기부했으며 빌 게이츠와 함께 '기부 서약(The Giving Pledge)' 운동을 주도하고 있다. 현재 버크셔해서웨이의 자산 규모는 400조 원으로 50여 개 자회사를 거느리고 있고, 워런 버핏의 개인 자산만도 500억 달러(60조 원)에 이르는 것으로 알려져 있다.

워런 버핏이 이처럼 경이로운 성공을 거둘 수 있었던 이유는 무엇일까? 꿈과 열정, 뛰어난 두뇌, 어렸을 때부터의 경제관념, 독서, 냉철한 상황 인식, 낙관적 마인드, 상식과 신뢰 등 워런 버핏이 성공한 비결이라며 사람들 입에 오르내리는 요소들만 손꼽아도 끝이 없다. 어쩌면 모두 맞는 말이겠지만 성공한 사람들 주변에는 항상 결정적인 도움을 준 인물이 존재하듯, 워런 버핏의 인맥 또한 매우 중요한 역할을 차지했을 것이다. 과연 그의 주변에는 어떤 사람들이 있었고 워런 버핏의 인간관계는 어떤 모습이었을까?

역설적이게도 어린 시절의 워런 버핏은 대인 관계에 큰 어려움을 겪었다고 한다. 정신병을 물려받은 어머니 레알라는 "너희는 전혀 쓸모없는 아이들"이라는 언어폭력을 일삼으며 자녀들을 학대했고, 버핏은 스스로에 대한 자존감을 갖지 못한 채 성장했다. 학교생활에서는 사회성이 부족해 깊은 교우 관계를 맺지 못하고 겉돌았으며, 이를 고민한 나머지 데일 카네기Dale Carnegie의 『인간관계론』이라는 책에 매달리기도 했다.

다행히 워런 버핏에게는 '부자가 되고 싶다'는 꿈이 있었다. 그는 6세 때 껌을 팔아 돈을 벌었고, 11세 때부터는 주식 투자를 시작해 부자가 되기 위한 배움과 실천에 뛰어들었다. 그리고 마침내 세계 2위의 부자가 되는 크나큰 성공을 거두게 된다. 이러한 과정에 중요한 영향을 끼쳤던 그의 인맥은 세 가지 유형으로 분류된다.

벤저민 그레이엄 교수와 컬럼비아 대학 비즈니스 스쿨 인맥

미국 오마하에 소재한 네브래스카 대학에 재학중이던 워런 버핏은 체계적인 공부를 위해 하버드 대학 비즈니스 스쿨에 입학 원서를 냈지만 아쉽게도 합격하지 못했다. 태어나서 처음으로 실패를 겪은 버핏은 도서관에서 더욱 공부에 매진했다. 그러던 어느 날, 우연히 벤저민 그레이엄Benjamin Graham 교수의 『현명한 투자자』라는 책을 읽고 큰 충격과 감명을 받게 된다. '가치 투자의 아버지'라 불리던 벤저민 그레이엄은 이 책에서 기업 가치가 실제보다 저평가된 주식을 사서 장기간 보유하면 주식 가격이 올라 이익을 얻을 수 있다는 이론을 주장하고 있었다. 즉시 워런 버핏은 그레이엄 교수가 학생들을 가르치고 있던 컬럼비아 대학 비즈니스 스쿨에 입학 원서를 냈다. 다행히 입학 허가를 받았고, 입학생 중에 가장 나이가 어렸던 워런 버핏은 2년 만에 가장 우수한 성적으로 학업을 마치게 된다.

평생 멘토로 삼았던 벤저민 그레이엄 교수와의 인연은 이렇게 맺어졌으며 워런 버핏이 가치 투자의 귀재로 명성을 얻는 데에는 벤저민 그레이엄과의 만남이 절대적인 영향을 끼쳤다. 지금도 컬럼비아 대학 비즈니스 스쿨은 화려한 인맥으로 유명한 곳이다. 졸업생만 3만 8,000여 명에 달하는데 시티 그룹의 최고 경영자 비크람 팬디트Vikram Pandit, 세계 2대 사모펀드(소수의 투자자로부터 모은 자금을 운용하는 펀드)로 꼽히는 콜버그크래비스로버츠KKR의 공동 창업자 헨리 크래비스Henry Kravis, 세계 최대 스토리지 업체인 EMC의 조 투치Joe Tucci 회장 등이 모두 이 대학원 졸업생이다.

두 아내와 여성 친구들

워런 버핏의 두번째 인맥은 아내와 여성 친구들이다. 그의 자서전 『스노볼(Snowball)』에는 워런 버핏의 인생에 영향을 끼친 다섯 명의 여성이 소개되어 있다. 가장 중요한 비중을 차지한 사람은 첫번째 아내 수전 톰슨Susan Thomson이다. 그녀는 어머니의 사랑을 받지 못하고 자란 버핏을 따뜻하게 감싸주었으며, 별거중에도 정신적 고통을 겪는 남편을 위해 여자 친구까지 소개해주었다. 수전이 있었기에 워런 버핏은 투자와 성공에만 전념할 수 있었다. 버핏은 수전에 대해 다음과 같은 회고의 말을 남겼다. "나는 수전을 만나기 전까지 다른 사람들로부터 사랑받는다는 느낌을 단 한 번도 가져본 적이 없다. 오직 수전만이 따뜻하고 무조건적인 사랑을 베풀어주었다." 수전이 구강암으로 세상을 떠난 지 2년이 지났을 무렵인 2006년, 워런 버핏은 애스트리드 멩크스Astrid Menks와 결혼했다. 수전의 소개로 만나게 된 그녀는 현재까지 워런 버핏의 충실한 내조자 역할을 하고 있다.

두 명의 부인 외에도 버핏에게는 여러 명의 여성 친구가 있었다. 특히 『워싱턴 포스트(Washington Post)』의 발행인이었던 고(故) 캐서린 그레이엄Catherine Graham은 워런 버핏이 워싱턴의 상류사회에 발을 들일 수 있도록 가교 역할을 한 인물이다. 버핏은 그녀와 함께 공식 행사와 파티에 참석했고, 여기서 만난 유명 인사들과의 교류를 통해 새로운 세계로 진입할 수 있었다. 이렇게 워런 버핏의 성공에는 두 명의 아내를 포함한 여성 인맥의 도움이 크게 뒷받침되었다.

평생 친구, 찰리 멍거

홍콩 최대 재벌이자 청콩홀딩스Cheung Kong Holdings 그룹 회장인 리카싱李嘉誠은 "인생의 가장 큰 기회란 바로 귀인을 만나는 것이고, 귀인을 만날 수 있느냐 없느냐는 우리 인맥에 달렸다"고 말했다. 성공한 사람들 주위에는 대부분 결정적인 인맥이 있게 마련인데 워런 버핏에게는 바로 찰리 멍거Charlie Munger라는 귀인이 존재한다. 찰리 멍거는 버크셔해서웨이 부회장이며 워런 버핏의 평생 친구이자 동료다. 지금의 버핏이 있기까지는 찰리 멍거의 역할이 결정적이었던 것으로 알려져 있다. 워런 버핏은 자신이 대답하기 어려운 질문이나 부연 설명이 필요할 때면 옆자리에 앉은 찰리를 바라보며 "찰리?"라고 말한다. 자신의 답변이 정확한지, 또는 추가로 보충할 내용이 없는지 확인하기 위해서다. 그만큼 찰리 멍거에 대한 버핏의 신임은 절대적이며, 버핏이 찰리 멍거와 자신을 '샴쌍둥이'라고 부를 정도다.

두 사람 모두 오마하 출신으로, 버핏의 할아버지가 운영했던 식료품 가게에서 멍거가 심부름꾼으로 일하면서 알게 되었다. 두 사람의 실제 나이는 찰리 멍거가 워런 버핏보다 일곱 살 더 많다. 버핏이 26세되던 해에 LA에서 유명 변호사로 활동하던 멍거에게 함께 일하자고 제안하면서 두 사람은 평생의 인연으로 발전한다. 이후 두 사람은 환상적인 콤비 플레이를 자랑하며 회사의 성장을 이끌어간다. 멍거는 저평가된 기업만 고집하던 버핏에게 건실한 기업을 적정한 가격에 사서 장기 보유하는 전략을 채택하도록 권유했고, 버핏은 이를 받아들여 초콜릿 판매 회사, 시즈 캔디See's Candies를 인수했다.

무엇보다 찰리 멍거의 가장 지대한 공헌이라 할 수 있는 것은 워런 버핏의 판단에 실수나 잘못이 있다고 판단되면 주저 없이 반대 의견을 내놓았다는 점이다. 아무리 위대한 워런 버핏이라도 모든 의사결정을 매번 완벽하게 내릴 수는 없는 일. 이런 사실을 잘 알고 있었기에 버핏은 "투자자가 가질 수 있는 최고의 시스템은 이성적이면서 아첨하지 않는 파트너다"라고 말했고, 출장 때문에 멀리 떨어져 있을 때도 항상 전화를 걸어 멍거의 의견을 구한 뒤 최종 결정을 내리곤 했다. 이렇게 서로의 단점을 보완해주고 장점을 강화시켜주는 파트너가 있었기에 워런 버핏과 버크셔해서웨이는 50년이 넘도록 승승장구하며 성공가도를 달릴 수 있었던 것이다.

요컨대 워런 버핏이 이룬 화려한 성공은 두 명의 아내와 여성 친구들, 찰리 멍거, 벤저민 그레이엄과 같은 사람들의 뒷받침이 있었기에 가능했던 것이다. 어린 시절, 버핏이 대인 관계에 어려움을 겪었다는 사실을 떠올려보면 이는 매우 놀라운 일이 아닐 수 없다. 과연 어떤 변화가 있었던 걸까? 단언컨대 인간관계에 대한 책을 읽으며 자신의 대인 관계 능력을 향상시키려 했던 버핏의 부단한 노력이 그 질문에 대한 해답일 것이라 짐작해본다. 버핏은 학습과 훈련을 통해 자신의 대인 관계 능력을 개선해나갔고, 마침내 최고의 인맥을 구축해 성공을 거둔 것이다.

Chapter 2

부모의 역할이 자녀의 평생 인맥을 좌우한다

유대인 속담에 "물고기를 줘라. 한 끼를 먹을 것이다. 물고기 잡는 법을 가르쳐라. 평생을 먹을 것이다"라는 말이 있지만 자녀에게 좋은 인맥을 형성해주려면 두 가지 방법 모두 필요하다. 엄마의 인맥이 자녀의 인맥을 결정하고 자녀의 인맥이 자녀의 인생을 결정한다. 그러니 먼저 '엄마 인맥'을 구축하는 데 노력을 기울여보자. 그다음으로 아이에게 친구, 선생님, 동네 어른, 엄마 친구 등 다양한 사람을 만날 수 있도록 기회를 만들어주면 된다.

엄마의 인맥이
아이의 인맥이다

2011년, 중국의 일부 지방정부가 '맹모삼천지교(孟母三遷之教)'의 내용을 교육과정에서 삭제하도록 지시해 논란을 빚고 있다는 뉴스가 소개된 적이 있다. 신문 기사에 따르면 '맹모삼천지교'는 주변 환경이 인간의 사고를 지배하고, 사람을 가려 사귀어야 한다는 점을 은연중에 강조함으로써 환경에 적응하고 주변과 조화를 이루며 사는 법을 배워야 할 청소년에게 그릇된 가치관을 심어줄 수 있다는 것이다. 이를 반영한 사회 현상이 정부까지 나서서 막을 정도로 심각한 상황이라면, 역설적으로 '맹모삼천지교'를 실천에 옮기는 학부모가 많다는 반증이니 지금이나 2,300여 년 전의 세상이나 부모의 교육열에는 별다른 차이가 없는 모양이다.

사실 '근묵자흑(近墨者黑) 근주자적(近朱者赤)'(먹을 가까이하다 보면 자신도 모르게 검어지며 붉은색을 가까이하면 자신도 모르게 붉어진다)이라는 말처럼 사람의 운명은 어떤 사람들과 어울리느냐에 따라 결정되게 마련이다. 하버드 대학의 데이비드 맥클리랜드David McClelland 교수는 사회적으로 크게 성공한 사람들의 성격과 기질을 연구했는데, 한 개인이 교류하기로 선택하는 '준거집단'이 장래의 성공이나 실패를 결정짓는 중요한 요소라는 사실을 발견했다. 따라서 자녀의 성공을 원한다면 인맥의 중요성을 깨우쳐주고 바람직한 준거집단과 어울릴 수 있도록 부모가 이끌어줘야 한다.

얼마 전 한 일간지에 "'인맥 쌓기' 한 살부터 시작? 강남 원정 산후조리 붐"이라는 제목의 기사가 실렸다. 서울 강남의 산후조리원과 어린이집 등이 새로운 인맥 형성 공간으로 인기를 끌어 강남 지역의 유명 산후조리원들은 반년 뒤까지 예약이 꽉 차 있는 상태이며, 어린이집 대기 인원도 수용 가능 인원의 최대 10배에 달한다는 내용이었다. 아울러 산후조리원 동기 엄마들은 10~20명씩 인터넷 카페를 만들어 정기 모임을 갖고 있다고 했다. 대치동 엄마들의 교육열이 얼마나 뜨거운지 짐작할 수 있는 기사였다.

예전 엄마들이 초등학교부터 자녀의 인맥을 챙겼다면 이제는 그 시작점이 산후조리원으로 앞당겨진 것이다. 물론 일부 계층에 국한된 현상이겠지만 자녀에게 좋은 인맥을 만들어주려는 노력과 함께 엄마 스스로도 좋은 인맥을 만들기 위한 노력은 점점 가속화되고 있다. 이런 '좋은 인맥 쌓기 열풍'의 가장 주요한 원인은 아이들 교육 정보를 수집하기 위해서다. 새 담임 선생님은 어떤 사람인지, 학원은 어디가 좋은지도 알아봐야 하고 다른 아이들과 함께 과외 그룹도 만들어야 하기 때문이다. 부모의 정보력이 자녀의 대학 수준을 결정한다는 말이 공공연한 현실에서, 부모가 자녀 교육에서 뒤처지지 않으려면 다양한 인맥을 형성하는 것이 필수적인 능력으로 자리 잡은 것이다.

특히 이런 현상은 교육제도가 빈번하게 바뀌고 사교육 비중이 크게 높아지면서 더욱 심화되고 있다. 아울러 한 가정 한 자녀인 집이 늘어나다 보니 내 자녀와 함께 어울릴 친구가 더욱 필요한데 이왕이면 경제적, 교육적 수준이 비슷한 아이들과 인맥을 형성해주려는 부모들의 바람이 복합적으로 작용하고 있는 것이다. 자연히 동네 모임, 학교 모임, 스포츠센터, 교육기관 등 서너 개 정도의 모임에는 기본적으로 참여하는 것이 최근 엄마들의 인맥 관리 현황이다.

예전 같으면 자녀의 친구가 누구냐에 따라 엄마들의 인맥이 결정되었다. 즉 내 아이가 어떤 친구와 어울리느냐에 따라 그 아이들의 엄마와 자연스럽게 친해지곤 했다. 하지만 요즘은 엄마의 인맥이 어떠한가에 따라 아이들의 친구가 달라지는 양상을 나타낸다. 결국 자녀의 인맥이 엄마의 인맥에 따라 달라지기 때문에 강남의 산후조리원과 어린이집 등이 문전성시인 것이다.

이러한 현실을 부정적으로만 생각해서는 안 된다. 앞서 강조한 것처럼 인생에서의 성공과 행복이 인맥과 인간관계에 크게 좌우되는 현실을 깨닫고 자신의 상황에 맞춰 능동적으로 대처해야 한다. 아울러 젊었을 때 인맥을 다져놓으면 자녀가 모두 독립해 떠나버린 50대

이후에도 그들과 평생 어울려 지낼 수 있다.

그렇다면 결혼과 육아로 단절되고 밀려났던 엄마의 인맥, 어떻게 다시금 만들 수 있을까? 또 어떤 노력을 해야 할까?

첫째, 발품이다.

인맥의 첫걸음은 뭐니 뭐니 해도 많은 사람을 만나는 것이다. 동네 모임, 학교 모임, 문화센터, 스포츠센터, 봉사 모임 등을 찾아다니며 적극 참여하라. 요즘은 디지털 인맥도 대세인 만큼 인터넷에서 지역 모임, 동호회에 가입하는 것도 좋은 방법이다. 가능하다면 사람들을 내 주변으로 불러 모을 수 있도록 모임이나 행사를 직접 개최하는 것도 효과적이다.

둘째, 손품이다.

인간관계는 노력과 정성에 달려 있다. 내가 먼저 꾸준한 노력을 기울여야 한다. 새로운 사람을 만나면 휴대폰에 전화번호를 저장하라. 생일이나 기념일에는 축하 메시지를 보내주고 음식이 있으면 나눠 먹고 자주 집으로 초대하라. 일손이 필요하면 기꺼이 도와주고, 상대방이 필요로 하는 정보나 자료, 도움을 제공하라.

셋째, 인품이다.

인간관계는 상호성이다. 좋은 인맥을 만들려면 내가 먼저 관심을 가져주고, 상대방의 이야기를 경청하고 공감하고 배려해야 한다.

다른 사람에 대한 비난이나 뒷담화는 인간관계를 해치는 가장 큰 적이다. 따뜻한 감사, 격려, 축하의 말을 많이 건네고 상처 주는 말은 피해야 한다. 내 아이 자랑도 금물이다. 반대로 다른 사람의 자녀는 아낌없이 칭찬하라. 누구나 자기 자식을 칭찬해주는 사람을 좋아한다.

유대인 속담에 "물고기를 줘라, 한 끼를 먹을 것이다. 물고기 잡는 법을 가르쳐라, 평생을 먹을 것이다"라는 말이 있지만 자녀에게 좋은 인맥을 형성해주려면 두 가지 방법 모두 필요하다. 엄마의 인맥이 자녀의 인맥을 결정하고 자녀의 인맥이 자녀의 인생을 결정한다. 그러니 먼저 '엄마 인맥'을 구축하는 데 노력을 기울여보자. 그다음으로 아이에게 친구, 선생님, 동네 어른, 엄마 친구 등 다양한 사람을 만날 수 있도록 기회를 만들어주면 된다.

아빠는 인맥 교육의 멘토가 되어라

 최근 '프렌디'라는 말이 유행하고 있다. 친구(Friend)와 아빠(Daddy)를 합친, '친구 같은 아빠'라는 뜻의 신조어다. 아쉽게도 나는 '프렌디'가 되지는 못했지만 아들이 어렸을 때부터 틈나는 대로 이렇게 세뇌시켰던 기억이 떠오른다.

"희재랑 아빠는 어떤 사이지?"
"영원한 친구."

철없는 아이의 머리에 '영원한 친구'라는 단어를 주입시키려 애썼던 것도 실은 아이 머릿속에서나마 '프렌디'가 되고 싶었기 때문이다. 며칠 전 중학생이 된 아들과 함께 등산 가는 길에 물어보니 아직까지도 정확한 대답을 기억하고 있어 흐뭇했다. 사랑하는 자녀에게 친구 같은 아빠가 될 수 있다면 얼마나 행복할까?

하지만 유감스럽게도 대한민국의 아빠들은 바쁘다. 직장인은 회사 업무와 실적 때문에 바쁘고, 개인 사업을 하는 사람은 영업과 직원 관리 때문에 바쁘다. 그런 와중에도 틈틈이 자기 계발에 힘써야 하고 여기저기 모임이나 행사에 얼굴을 내비치며 사회 인맥도 관리해야 한다. 물론 엄마도 바쁘지만 이래저래 바쁜 게 대한민국 가장이요, 아빠들이다. 자연스럽게 술은 늘어가고, 귀가는 늦어지며, 주말이면 늦은 오후까지 잠에서 깨어나지 못하는 사람들이 대한민국 아빠들이다. 이 책의 저자 입장에서는 자녀의 인맥 교육을 위해 여러 가지 모범 사례와 방법을 추천하고 싶지만, 나 또한 한 집안의 가장이자 사회인으로서 대한민국 아빠들의 심정을 십분 이해하기 때문에 차마 입이 떨어지지 않는다.

사실 내 경우에는 이런저런 모임이나 행사에 아들을 데리고 다닌 경험이 많은 편이다. 초등학교 6학년 때는 고려대 학생 대상의 특강에 데려가 인사말을 시켰고, 중학교 1학년 때는 내가 운영하는 '행성인모임(행복과 성공을 연구하고 실천하는 사람들의 모임)'에 데리고 나가 자기소개를 시키기도 했다. 다양한 사람과의 만남을 통해 원만한 사회성을 길러주고 싶은 마음에서였지만, 아이와의 일정을 맞추기도 어렵고, 또 아이도 기꺼이 따라나서기보다는 부담을 느끼는 듯해서 최근에는 동행할 기회를 갖지 못했다. 이런 사정이야 다른 아빠들도 마찬가지일 것이다. 그러니 대한민국 아빠들에게 실천하기 어려운 방법을 추천하진 않겠다. 그보다는 자녀에게 다음의 세 가지 사항만이라도 꼭 깨우쳐주는 인맥 교육의 멘토가 되어주길 당부한다.

첫째, 휴먼네트워크의 중요성을 알려줘라.

인기리에 방영된 드라마 〈제빵왕 김탁구〉를 보면 탁구의 스승인 팔봉 선생이 "세상에서 사람보다 중요한 것은 아무것도 없다"라고 제자들에게 일러주는 장면이 나온다. 자녀에게 좋은 인맥을 만들어주기 위해 이런 교훈을 들려주는 '팔봉 선생'의 역할은 아빠가 열 일 제쳐두고 맡아야 한다. 밥상머리 교육을 하든, 함께 운동이나 산책을 하면서 알려주든, 하루에 단 10분만이라도 마주 앉아 대화를 하든, 그것도 아니라면 전화, 메일, 문자, 메신저를 활용하든, 자녀의 미니홈피에 글을 남겨놓든, 어떤 방법을 동원해서라도 자녀에게 인맥의 중요성을 알려줘라. 아빠의 고등학교 친구들 이야기를 들려줄 수도 있고, 직장 동료들에 대해 이야기할 수도 있고, 사회에서 만난 인맥에 대해 이야기해줄 수도 있을 것이다. 세상에서 가장 소중한 것은 사람, 그리고 휴먼네트워크라는 사실을 아이들에게 각인시켜라.

둘째, 좋은 관계를 맺는 방법을 알려줘라.

자녀의 인맥 교육을 위해 아빠가 해야 할 일 중 하나는 지금까지 인생을 살아오면서 깨달은 인간관계의 비결을 들려주는 것이다. '기브 앤 테이크(give & take)'를 설명해줘도 좋고 '거울은 먼저 웃지 않는다', '먼저 베풀어야 한다', '내가 먼저 좋은 인맥이 되어야 한다'고 강조해도 좋다. 또는 구체적으로 여러 가지 방법을 들려줘도 좋겠다. 항상 밝은 표정을 짓고, 먼저 인사하고, 관심을 기울이고, 상대방의 생각과 감정을 헤아리며, 쓸데없는 비난이나 비판을 하지 않고, 칭찬하고, 양보하고, 도움을 주고, 밥값은 먼저 내라고 가르쳐도 좋다. 또는 악수할 때는 적당한 악력을 주어 손을 잡아야 하며, 명함을 받을 때는 반드시 명함에 있는 내용에 대해 질문을 건네고, 자기소개는 호감과 기대감을 줄 수 있는 내용으로 말해야 한다고 알려줘도 좋다. 이런 사항쯤이야 사회 경험 많은 아빠에게는 당연한 상식이지만 아이들에게는 앞으로 사회생활을 통해 하나씩 배워가야 할 대인 관계의 에티켓이자 비결이다. 사소하다고 생각하지 말고 시간이 될 때마다 한 가지씩 알려줘라.

각계각층의 인사들과 폭넓은 인맥을 형성하고 있는 가수 조영남의 인맥 관리 비결은 다섯 가지다. 첫째, 남의 말을 잘 들어준다. 둘째, 청탁을 하지 않는다. 셋째, 사람을 편안하게 해준다. 넷째, 밥값이나 술값은 반드시 본인이 낸다. 다섯째, 정치·미술·종교 등에 관한 해박한 지식으로 상대방과의 공감대를 형성한다. 그리고 또 다른 마당발인 박경림의 인맥 관리 비결은 다음과 같다. 첫째, 첫 만남 때 관심을 나타내라. 둘째, 만난 사람은 반드시 기억하고 먼저 인사하라. 셋째, 생일을 반드시 챙겨라. 넷째, 결혼식과 장례식에는 꼭 참석하라. 다섯째, 진심으로 대하라. 이런 것들을 기억해두었다가 아이들에게 들려주면 된다.

셋째, 인간관계에는 오랜 시간과 정성이 필요하다는 사실을 알려 줘라.

인간관계는 서로에 대해 알고, 이해하고, 공감하고, 친해지고, 믿음이 쌓이기까지 오랜 시간이 걸린다. 절대 짧은 시간 안에 우정을 맺으려 들지 말고 장기간에 걸쳐 지속적으로 노력해야 좋은 관계를 만들 수 있다고 아이에게 일깨워줘야 한다. "진실된 우정은 느리게 자라는 나무와 같다"는 조지 워싱턴의 말이나, "오래 찾아야 하고, 잘 발견되지 않으며, 유지하기도 힘든 것이 친구다"라는 프리드리히 실러Friedrich Schiller의 말을 들려줘도 좋다. "한 친구를 얻는 데에는 오랜 시간이 걸리지만 잃는 것은 잠깐이다"라는 존 릴리John Lyly의 말을 들려줘도 좋다. 내가 자주 인용하는 "인맥은 산삼이 아니라 인삼"이라는 말을 활용해도 좋겠다(운이 좋아 발견하는 산삼이 아니라 땀과 정성으로 자라나는 인삼이란 의미다).

자녀 교육의 대부분을 엄마가 맡고 있는 현실에서 아빠가 할 수 있는 역할에는 한계가 있을 수밖에 없다. 아빠가 모임이나 행사에 아이들을 데리고 다니며 대인 관계의 현장을 실제로 체험하게 해주는 것만큼 좋은 방법도 없겠지만, 그럴 여건이 되지 않는다면 적어도 위의 세 가지 사항만큼은 꼭 알려주기 바란다. 나는 평소에 기회가 되는 대로 아이들에게 '사람이 가장 소중하다', '먼저 베풀어라', '끈기를 지녀라'라는 세 가지 원칙을 들려준다. 때로는 대화를 통해, 때로는 문자메시지로, 때로는 짧은 예화를 통해 아이들 머릿속에 각인시키려 노력한다.

얼마 전 아들의 생일에는 다음과 같은 내용의 문자메시지를 지인들에게 발송했다.

> 오늘은 사랑하는 아들(양희재)의 열다섯번째 생일입니다. 사람과 휴먼 네트워크의 소중함을 일깨워주고 싶은데 30초만 시간 내어 희재에게 생일 축하 메시지를 보내주시면 은혜 잊지 않겠습니다. 희재 전화번호는 010-1111-2222입니다. 감사합니다.

대략 100여 명에게 문자를 보냈는데 다행히 80명 정도 되는 사람이 생일 축하 문자를 보내주었다. 아들에게 인맥의 중요성을 조금이나마 현실적으로 깨닫게 해주는 계기가 되었기를 기대해본다.

사실 이 방법은 나의 독창적인 아이디어가 아니라 딸한테 배운 것이다. 2010년 아내의 생일 저녁, 갑자기 축하 문자메시지가 쏟아져 들어오기 시작했다. 무슨 일인가 놀라 확인해보니 고등학생인 딸아이의 친구들이 보내온 것이었다. 40건 정도의 문자가 왔는데, 딸에게 물어보니 같은 반 친구를 포함해 친하게 어울리는 친구들에게 엄마의 생신 축하 문자 발송을 부탁했다고 했다. 그리고 두 달 뒤 내 생일에도 역시 50여 명으로부터 생일 축하 문자를 받았다. 딸아이의 마음씀씀이에 감동했고, 평소의 친구 관계가 대견스러웠다. 그리고 그때의 감동을 간직해두었다가 얼마 전 아들의 생일을 맞아 비슷한 감동을 느끼게 해주려고 시도한 것이다. 물론 얼마 뒤 돌아올 딸의 생일에도 다시 한번 지인들에게 축하 문자 발송을 부탁할 생각이다.

우리 사회에서 엄마는 전업주부로 가정에 머무는 경우가 많으며, 맞벌이나 사회 활동을 한다 해도 아빠에 비해 인맥이나 인간관계의 폭이 넓지 않은 것이 사실이다. 따라서 엄마의 역할과 별개로 아빠가 꼭 해야 하고, 엄마보다 더 잘할 수 있는 일이 자녀의 인맥 교육에서의 멘토 역할이다. 좋은 친구와 어울리게 하는 일이 엄마의 중요한 역할이라면, 아빠의 몫은 위의 세 가지 원칙을 자녀에게 교육시키는 것이다.

처음에는 다소 낯설고 어렵게 느껴질 수 있겠지만 지금껏 살아오면서 깨달은 인간관계의 교훈을 들려준다고 생각하면 그리 어려울 것도 없다. 아울러 이 책에 실린 다양한 명언, 우화, 예화(「Chapter 4. 자녀의 관계 능력, 300% 높이는 법」 참조)를 곁들인다면 더욱 좋겠다. 다음으로 미루지 말고 지금 당장 아이들에게 세 가지 원칙을 반복해서 들려줘라. 틀림없이 아이들에게 진심 어린 감사의 말을 듣게 될 날이 찾아올 것이다.

tip

인간관계의 3가지 원칙

1. 세상에서 사람이 가장 소중하다.
2. 인간관계에서는 내가 먼저 베풀어야 한다.
3. 우정은 느리게 자라는 나무와 같다. 서두르지 말고 끈기와 인내심을 갖고 정성을 기울여라.

집으로 초대하고,
졸업 모임을 만들게 하라

인맥을 만들려면 우선 사람을 만나야 한다. 자녀에게 좋은 인맥을 만들어주려면 친구들을 불러 모아주는 것이 효과적이다. 부모가 친절하게 맞아주고 맛있는 음식을 대접해주는 친구 집에는 자주 놀러 가게 되고, 자주 어울리다 보면 절친한 친구로 발전하게 마련이다. 그렇다고 너무 부담 가질 것 없다. 요즘은 대부분 생일 파티를 하기 때문에 자녀의 생일에 집으로 초대하면 된다. 만약 집으로 초대하기 어렵다면 아이들이 좋아하는 피자, 햄버거, 치킨 가게 등에서 파티를 열어주면 된다. 새 학년이 되면 새로 사귀는 친구들을 꼭 초대하고, 생일 이외에도 여름방학에 한 번, 겨울방학에 한 번 정도 더 초대하는 것이 좋다. 이렇게 하면 평균 네 번 정도 자리를 마련해주는 셈이니 자연스럽게 여러 친구와 '절친'으로 발전할 수 있다.

유대인 부모들 역시 자녀가 새 친구를 사귀면 저녁식사에 초대해 편안하게 집에 데려오도록 교육시킨다. 이런 과정을 통해 자녀가 좋은 친구들과 어울리는지 살피고 자연스럽게 친한 친구 사이로 발전시켜주는 것이다.

좋은 인맥을 만들어주는 두번째 방법은 자녀를 단체나 모임에 가입시키는 것이다. 초·중·고교 시절에는 해양소년단, 걸스카우트, 그린스카우트연합, 한국우주소년단, 한국항공소년단, RCY(청소년적십자), 국제청소년연합, 한국청소년연맹, 파라미타청소년연합회, 한국시민자원봉사회 등 수많은 청소년 단체가 있다. 그중에서 자녀에게 적합한 곳을 골라 가입시키고, 학기 중이나 방학 때 개최되는 모임이나 행사에 참여하면 다양한 친구들과 어울리는 계기를 마련할 수 있다.

이보다 간단한 방법도 있다. 친구들과 함께 공부하거나 취미 활동을 할 수 있는 모둠을 만들어주는 것이다. 가장 흔한 것이 그룹 과외다. 4~6명의 친구와 함께 과외를 받게 하는 것인데, 이는 500년 전 퇴계 이황이 자녀들에게 인맥을 만들어주기 위해 썼던 방법이기도 하다.

조금 더 능동적인 방법으로는 '품앗이 교육'을 추천할 수 있다. 품앗이 교육은 같은 지역에 거주하며 비슷한 또래의 자녀를 키우는 주부들이 직접 아이들을 교육시키는 방법이다. 급격히 증가하고 있는 사교육비를 절약하고 자녀에게 맞춤형 교육을 제공할 수 있다는 이점 때문에 강남과 목동 일대에서 인기를 끌고 있는데, 단순한 형태의 학습 품앗이뿐만 아니라 체험 활동을 함께 하는 체험 학습 품앗이, 미술이나 음악 등을 함께 배우는 특별활동 품앗이 등 다양한 형태의 품앗이 교육이 이루어지고 있다고 한다. 생활 여건이 비슷한 부모들과 교류하며 좋은 정보를 얻을 수 있고 아이들에게 친구를 만들어줄 수도 있으니 일석삼조인 셈이다.

또 다른 방법으로 운동과 관련된 모둠을 만들어줄 수도 있다. 나의 경우, 초등생이던 아들이 방학을 맞으면 학교나 동네 친구 5~6명을 그룹으로 묶어 농구 교실에 다니게 했다. 일주일에 서너 차례 함께 운동하며 친구들과 한층 가까워지는 모습을 볼 수 있었다.

마지막으로 가장 강력하게 추천하고 싶은 방법은 초·중·고교를 졸업할 때 모임을 결성해주는 것이다. 나에게는 고등학교 동기 11명이 졸업식 날 만든 '목비'라는 모임이 있다. 어느덧 30년의 세월이 훌쩍 지나갔지만 '목비' 친구들은 변함없이 끈끈한 우정을 이어가고 있다. '풍생 목비방'이라는 네이버 카페를 운영하며 하루에 한 번씩 안부를 전하고 서로의 가족사진을 올리며, 매달 첫번째 일요일에는 함께 등산을 다닌다. 며칠 전에는 뉴질랜드로 이민을 떠났던 친구 하나가 9년 만에 영구 귀국해 한국 친구들이 환영의 자리를 마련했다. 좋은 친구 한 명은 행운, 두 명은 축복, 세 명은 기적이라는데 내게는 '목비'만으로도 10명의 친구가 있으니 그야말로 축복받은 인생이다.

그런데 만약 30년 전 고등학교를 졸업하던 날 '목비' 모임을 결성하지 않았다면 어떻게 되었을까? 십중팔구 그저 동창회 송년 모임이 열릴 때만 얼굴을 마주하는 사이가 되었을 것이다. 초등학교, 중학교 친구들을 생각해봐도 짐작할 수 있는 일이다. 초등학교 6년, 중학교 3년 동안 같은 학교, 같은 반에서 동문수학하지만 졸업하고 나면 대부분의 친구들과 연락이 끊어지고 만다. 그리고 20~30년의 세월이 지난 뒤에야 우연히 동창회에서나 얼굴을 보게 되는 것이 현실이다.

자녀에게 평생의 친구를 만들어주고 싶다면 학기 중에 집으로 초대하는 것도 좋지만 초·중·고교를 졸업할 무렵 마음에 맞는 친구들과 별도의 모임을 만들도록 권유하는 것이 효과적이다. 나 또한 금년에 고등학교를 졸업하는 딸에게 '목비' 친구들의 사례를 들려주며 친한 친구들과 모임을 만들어보도록 조언했다.

자녀에게 좋은 인맥을 만들어주려면 졸업 때 반드시 모임을 만들게 하자. 초등학교부터 고등학교까지 모임을 결성하면 모두 세 개의 모임이 만들어지고, 세 개 모임에 각각 10명의 친구만 있어도 고등학교를 졸업하는 시점에는 평생을 함께할 30여 명의 친구가 생기는 것이니 그야말로 큰 재산이요, 든든한 인맥이 아닐 수 없다.

자녀가 직접 모임을 만드는 것에 어려움을 느낀다면 졸업식을 전후해 마음 맞는 친구들을 집으로 초대하거나 밖에서 식사 자리를 마련해 자연스럽게 모임이 결성되도록 분위기를 조성해주는 것도 좋다. 어렵게 생각할 필요 없다. 그저 아이들에게 "초등(중·고등)학교 친구들이 가장 소중하고 오래가더라. 졸업하고서도 그냥 헤어지지 말고 모임을 하나 만들어서 정기적으로 만나면 앞으로 큰 힘이 되고 서로에게 좋을 거야"라고 이야기해주면 된다. 나머지는 아이들이 잘 알아서 해나갈 것이다.

부모가 자녀의 친구들을 어떻게 대하느냐에 따라 자녀의 친구 관계가 달라진다. 따뜻하게 환영해주면 많은 친구가 찾아오지만 쌀쌀맞게 대하면 어린아이들이라도 발길을 끊는다. 자녀의 인맥 형성에 관심을 갖고 여러 가지 활동에 참여시키면 교우 관계가 넓어지지만, 부모가 관심을 갖지 않으면 자녀는 폭넓은 교우 관계를 형성할 기회를 잃게 된다. 되도록 자주 자녀의 친구들을 초대하고, 단체 가입이나 모임 활동을 통해 새로운 친구들과도 어울리게 하고, 초·중·고교를 졸업할 때는 반드시 모임을 만들게 하라. 부모의 노력이 아이에게 '인맥'이라는 큰 자산이 되어 돌아갈 것이다.

아이를
심부름꾼으로 만들어라

일본 작가 다쓰미 나기사辰巳渚는 『머리 좋은 아이로 키우는 심부름 습관』이라는 책에서 심부름의 중요성을 강조했다. 그의 말에 따르면 이웃집에 음식 가져다주기, 가게에 심부름 가기, 손님 접대하기 등 어렸을 때부터 여러 사람과 교류하면 사람을 대하는 일에 부담을 갖지 않게 될 뿐만 아니라 다른 사람을 배려할 줄 알고 임기응변에 능한 사람으로 성장할 수 있다고 한다. 따라서 부모는 일부러라도 아이에게 심부름 할 기회를 많이 만들어줘야 한다고 주장하며 심부름의 효과로 다음의 세 가지 사항을 강조했다.

첫째, 자립심이 길러지고 씩씩해진다. 심부름 습관을 들인 아이는 누군가의 도움 없이도 제 몫의 일을 스스로 할 수 있게 된다.

둘째, 학습 능력이 향상된다. 몸을 움직여 일을 도우면 호기심이 왕성해지고 사고력이 높아지며, 학습 능력의 토대가 되는 행동력, 집중력, 적극성도 기를 수 있다.

셋째, 가족간의 정이 돈독해진다. 심부름을 통해 나이 어린 자신도 부모에게 도움이 된다는 사실을 실감하게 되고, 가족과 함께 집안일을 하면서 서로에게 필요한 존재라는 사실도 깨닫는다.

다쓰미 나기사가 주장하는 심부름 효과에 나는 전적으로 동의한다. 중학교를 졸업하기 전까지 부모님한테 "제발 좀 나가서 친구들과 놀아라"라는 말을 귀가 닳도록 들었던 내가 사회에 나가 새로운 사람들을 만나는 일에 그다지 어려움을 느끼지 않았던 것도 어렸을 때부터 심부름을 많이 한 덕분이라 생각한다. 내 또래의, 그것도 막내로 성장한 사람이라면 대부분 공감하겠지만 나는 거의 모든 집안 심부름을 도맡아 하며 자랐다. 아버지의 술심부름, 어머니의 시장 심부름, 누이의 약국 심부름, 형의 담배 심부름을 비롯해 쌀가게로 봉지 쌀 심부름을 자주 다녔고, 이웃집에 물건을 가져다주거나 받으러 다니는 일은 부지기수였다. 친구들과 어울리지도 않고 집 안에만 틀어박혀 있던 내가 심부름을 통해 사람들과 접촉하는 경험을 쌓으면서 자연스럽게 사회성이 길러졌던 것이라 판단된다.

그런데 예전과 달리 요즘 부모들은 심부름을 시키기에는 내 아이가 너무 어리다고 여기거나, 차라리 직접 하는 것이 훨씬 편하다고 생각한다. 그런데 자녀가 막상 조금 더 나이를 먹으면 그때부터는 공부할 시간을 방해하지 말아야 한다는 생각으로 심부름을 시키지 않는 가정이 대부분이다. 그러나 이는 매우 바람직하지 못한 일이다.

얼마 전 TV 다큐멘터리에 한 부모의 이야기가 소개되었다. 시각 장애로 앞을 보지 못하는 초등생 딸에게 물건을 사 오라고 심부름을 보낸 뒤 부모가 묵묵히 뒤를 따라가며 딸을 지켜보는 모습이 방영되었다. 지금 당장은 장애물에 걸려 딸이 넘어질 수도 있겠지만 그런 어려움을 극복한 뒤에는 스스로의 힘으로 인생을 살아갈 것이라는 믿음으로 행하는 애달픈 노력이었다. 이렇게 눈이 보이지 않는 아이에게도 심부름을 시키는데 하물며 신체 건강한 아이에게 심부름을 시키지 못할 이유가 어디 있겠는가!

심부름은 대인 관계 경험을 쌓는 데에도 도움이 되지만 가정에서 부모나 형제자매를 위해 심부름을 해본 아이는 다른 사람을 돕고 배려하는 성품이 자연스럽게 길러져 나중에 학교나 직장, 또는 사회생활을 할 때에도 기꺼이 다른 사람을 도울 수 있게 된다. 학교에서 선생님 심부름에 손 들고 나서는 싹싹한 아이는 친구들에게 인기가 많고 학교생활도 즐겁게 할 수 있다. 단체, 모임, 조직 등에는 누군가가 해야 할 심부름이 있게 마련인데, 이런 심부름을 자발적으로 나서서 하는 사람은 당연히 사람들의 호감과 신뢰를 얻을 수 있다. 배우 이덕화는 선배 이순재와의 돈독한 인연을 자랑하는데 데뷔 초부터 40년 동안 이순재의 담배 심부름을 한 것으로 유명하다. 얼마 전 TV 프로그램에 출연한 방송인 이윤석은 절친한 선배인 이경규에게 10년 동안 210여 가지에 이르는 심부름을 해줬다고 말해 놀라움을 주기도 했다.

이렇게 단순한 심부름뿐만 아니라 자녀 교육에 모범으로 삼을 만한 차원 높은 심부름도 있다. 샤프 전자의 이관진 회장은 어린 시절 할머니가 특별한 심부름을 자주 시켰다고 한다. 경기도 화성의 부농 집안에서 태어난 그는 매일 저녁 끼니때가 되면 마을을 한 바퀴 돌아보고 굴뚝에 연기가 나지 않는 집이 있는지 살펴보라는 할머니의 심부름을 도맡아 했다. 그가 연기가 나지 않는 집을 발견해 알리면 할머니는 그 집에 양식을 갖다 주라며 다시 심부름을 보냈다고 한다. 참으로 뜻 깊은 심부름이자 자녀 교육의 모범이라 생각된다.

자녀에게 책임감과 자신감을 심어주고, 원만한 대인 관계를 형성할 수 있는 사회성을 길러주려면 어렸을 때부터 자주 심부름을 시켜야 한다. 특히 형제자매나 친구가 많지 않은 아이들은 외부 사람과의 접촉을 통해 사회 경험을 쌓을 수 있도록 심부름을 많이 시키는 것이 좋다. 나이에 따라 할 수 있는 심부름이 다르겠지만 일상생활에서 가볍게 시킬 수 있는 심부름에는 여러 가지 종류가 있다. 자녀가 어리다고 안쓰럽게만 여기지 말고, 또는 공부를 방해하지 않겠다는 생각으로 귀하게만 키우지 말고 적극적으로 심부름을 시켜보자.

그렇다면 어떤 심부름이 좋을까?

첫째, 가게 심부름을 시켜라. 생필품이나 식재료 등이 필요할 때 자녀를 가까운 슈퍼나 편의점, 마트에 다녀오게 하자. 세탁소에 옷을 맡기거나 찾아오는 심부름을 시킬 수도 있고, 약국에 보낼 수도 있다.

둘째, 이웃집에 심부름을 보내라. 이웃집에 음식이나 물건을 보내거나 받아 와야 할 때 자녀를 보내라. 이웃집 어른에게 공손하게 인사하도록 당부해 보내면 인사성까지 키워줄 수 있어 일석이조다.

셋째, 관리사무소에 심부름을 보내라. 관리사무소에 서류를 제출하거나 받아 와야 할 때, 또는 맡겨놓은 택배 물건을 찾아와야 할 때 자녀를 보내라.

넷째, 동사무소, 우체국에 심부름을 보내라. 동사무소에서 주민등록등본 같은 서류를 발급받게 하거나 우체국에서 편지나 소포를 부치게 하라.

다섯째, 음식 주문은 아이들에게 시켜라. 집에서 피자, 치킨, 햄버거, 중국 음식 등을 배달시킬 때나 식당에서 음식을 주문할 때 자녀에게 시켜라. 이런 연습을 통해 타인에게 말을 건네고, 자신의 의사를 전달하는 훈련을 할 수 있다. 나는 오늘 저녁에도 중2 아들에게 식당에 전화를 걸어 직접 예약하라는 심부름을 시켰다.

명함은
아이에게도 필요하다

몇 년 전, 금으로 만든 명함을 본 적이 있다. 내 사무실을 찾아온 지인이 지갑에서 명함을 한 장 꺼내더니 일본 여행길에서 만난 한 만화 작가에게 받은 것이라고 했다. 그날 이후로 나는 강의에 나가면 "명함 보기를 금같이 하라"는 비유를 하기 시작했다. 사실이 그렇다. 인간관계에서는 명함을 금같이 대해야만 좋은 인맥을 만들 수 있다. 아울러 자녀의 인간관계 교육을 위해 꼭 추천하고 싶은 일 한 가지는 아이들 스스로 자신의 명함을 만들어보게 하는 것이다. 특히 고등학생 이상의 자녀를 둔 부모라면 반드시 자녀에게 명함을 만들도록 지도할 것을 당부하고 싶다.

내가 운영하는 다음 카페 '푸른고래를 찾아서'에서는 매주 토요일마다 '인맥 페스티벌'이라는 행사를 개최했다. 다섯 시간에 걸쳐 유명 강사의 초청 강연을 듣고 참가자들끼리 서로 인맥을 만드는 프로그램인데 100~200명이 참가해 함께 배우고 교류하는 즐거운 축제였다. 그런데 어느 날, 행사 장소인 용산 백범기념관에 도착해 참가자들을 살펴보는데 자그마한 체구에 앳된 얼굴의 여학생 하나가 눈에 들어왔다. 호기심에 끌려 다가가 물어보니 여고 2학년에 재학중인 주샛별이라는 학생이었다. 어떻게 인맥 페스티벌에 참가할 생각을 했는지 묻자, 주 양은 "좋은 인맥을 만들고 싶어 참석했다"며 당당하게 대답했다. 더욱 놀란 것은 참가자들끼리 명함을 교환하는 네트워킹 시간이었다. 주 양이 여기저기 사람들 사이를 옮겨 다니며 참가자들과 인사를 나누는데 가만히 보니 명함을 주고받고 있었다. 깜짝 놀라 명함을 한 장 건네받아 살펴보니 "미래의 여성 CEO, 주샛별"이라는 문구가 앞면에 적혀 있었다. 18세의 어린 나이지만 자신의 꿈과 비전을 이루기 위해 인맥 관리에 힘쓰는 모습이 참으로 대견했다. 특히 고등학생의 신분으로 명함을 만들어 가지고 다니는 모습은 두 아이의 아빠인 나에게도 상큼한 충격이었다.

얼마 뒤에 만난 서강대학교 김현근 군의 명함도 내게 깊은 인상을 남겼다. 마케팅 분야의 전문가가 되겠다는 꿈을 가진 김 군은 시간이 될 때마다 인맥 페스티벌에 참가해 다양한 분야의 사람들과 교류하며 인맥을 쌓았다. 그때 받은 김 군의 명함에는 이름, 학교명, 전공학과 등의 기본적인 사항과 함께 앞면에는 "Director of Possibilities"라는 문구가, 뒷면에는 "지금 이 순간, 가슴 뛰는 삶을 살자"라는 문장이 적혀 있었다. 김 군은 대학 졸업 후 대기업에 입사했고 자신의 목표를 향해 열심히 달려가고 있다. 대학생 때부터 명함을 가지고 다니며 좋은 인맥을 만들기 위해 노력한 그에게 가슴 뛰는 삶이 반드시 찾아올 것이라 믿어 의심치 않는다.

명함은 인간관계의 필수품이며 출발점이다. 사회에서 처음 만날 때 어김없이 주고받는 것이 명함이다. 또한 명함은 어른의 전유물이 아니다. 이미 학교와 또래 집단이라는 '작은 사회'에서의 사회생활을 시작한 아이들에게도 필요한 '자기소개서'다. 그러므로 아이에게도 자신만의 명함이 필요하다. 물론 아이의 명함이 의미가 있으려면 자녀에게 새로운 만남의 기회를 많이 만들어줘야 한다. 명함은 만들었는데 정작 주고받을 사람이나 기회가 없다면 무용지물이 될 테니 말이다. 이것이 내가 강조하고 싶은 점이다. 자녀에게 명함을 만들어주되 명함이 필요한 상황 또한 만들어줘야 한다는 것.

며칠 전 우연히 TV 연예 프로그램을 시청했다. 서울 잠실 실내 체육관에서 '아이돌 스타 육상·수영 선수권 대회'가 열렸는데 '소녀 기자'가 많아 고생했다는 담당 PD의 이야기가 소개되었다. 그의 말에 따르면 "열성 소녀 팬들이 자신의 이름을 새긴 기자 명함을 내고 당당히 카메라를 들고 들어가더라"는 것이었다. 자기가 좋아하는 아이돌을 만나기 위해서라면 기꺼이 명함까지 만드는 것이 요즘 아이들이다. 나이가 어리다고 걱정하거나 무시하지 말고 적극적으로 명함을 만들도록 권유해보자.

명함은 일종의 자기소개서이자 이력서, 프레젠테이션이기 때문에 자신을 잘 알릴 수 있는 내용을 적어 넣어야 한다. 명함의 내용에 따라 인간관계의 방향과 속도가 달라지기 때문이다. 자녀에게 이런 부분을 설명하고 명함을 만들게 하면, 자신의 정체성과 타인에게 비쳐지는 스스로의 이미지를 점검해볼 기회를 갖게 된다. 명함에 적을 내용을 고민하면서 자신의 강점, 약점, 취미, 관심 사항, 꿈, 좌우명, 신념 등을 종합적으로 되돌아보게 되는 것이다. 또한 학생 때부터 명함을 지니고 다니면 당당하고 자신감 있는 모습에 많은 격려와 인정을 받게 되고, 그로 인해 아이의 자긍심도 한층 높아질 수 있다. 또 한 가지 바람직한 것은 자신의 명함이 있으면 다른 사람의 명함도 자연스럽게 받을 수 있다는 것이다. 이렇게 모은 명함을 빠짐없이 명함첩에 보관하면 인맥 관리 습관이 어릴 때부터 형성되고, 차곡차곡 쌓인 명함은 훗날 큰 인적 자산이 된다.

명함은 전문 업체에서 제작할 필요 없이 워드 문서나 포토샵 등을 이용해 직접 만든 뒤 A4 용지에 출력해 적당한 크기로 오려서 사용하면 된다. 자녀의 취향대로 크기, 모양을 달리하거나 캐릭터, 사진, 칼라를 추가할 수 있고 금언, 다짐, 경구, 좋아하는 문장을 적어 넣으면 더욱 멋진 명함을 만들 수 있다.

tip

명함 올바로 주고받는 방법

1. 명함은 아랫사람이 먼저 건넨다.
2. 상대방의 가슴 높이로, 상대방이 보기 편한 방향으로 건넨다.
3. 두 손으로 주고 두 손으로 받되 반드시 일어서서 주고받는다.
4. 명함을 받으면 반드시 뒷면의 내용도 함께 확인한다.

아이를 '부자'로
만드는 인명록

미국 미니애폴리스에 위치한 매케이 봉투 회사Mackay Envelope Corporation의 최고 경영자이자, 『목마르기 전에 우물을 파라(Dig Your Well Before You're Thirsty)』의 저자인 하비 매케이Harvey Mackay는 자녀의 인맥 교육에 관해 다음과 같은 경험담을 소개하고 있다.

인맥 관리에 관심이 많던 나는 성인이 될 때까지 기다릴 필요 없이 아이들에게도 네트워크를 구축할 수 있도록 도와야겠다고 생각했다. 그리고 직장이나 사회에서 네트워크와 관련된 일을 경험할 때마다 아이들에게 이야기를 들려주었고 세 아이가 네트워크의 중요성과 힘을 깨닫는 데에는 그리 오랜 시간이 걸리지 않았다. 아이들이 10대가 되었을 때 나는 세 아이에게 각자의 인명록을 마련해주었다. 이것은 내가 아이들에게 해준 가장 훌륭한 선물 중 하나였다.

인명록을 선물하고 난 뒤에는 아이들에게 친구나 만났던 사람들에 관한 필요한 모든 정보를 기록하고, 그 사람들과 계속 접촉을 유지하는 방법을 알려주었다. 몇 년 뒤, 딸아이 조조는 미시건 대학 캠퍼스 안에 있는 유명 식당에서 파트타임으로 일하고 싶어했다. 조조는 그 일자리를 얻을 수 있게 도와달라고 했지만 나는 적당한 방법을 찾지 못했다. 미안해하는 나를 위로하더니 조조는 마침내 혼자만의 방법으로 일자리를 얻는 데 성공했다. 면접을 보는 자리에서 조조는 자기가 직접 쓴 광고 전단과 그 전단을 돌릴 친구들의 이름이 적힌 인명록을 식당 지배인에게 보여주었는데 거기에는 대략 200명이 넘는 친구들의 이름이 적혀 있었다.

조조가 일자리를 얻기 위해 네트워크의 힘을 이용한 것은 전혀 놀랄 일이 아니며 그 아이도 자신이 네트워크를 활용해 일자리를 얻게 된 것을 전혀 의외의 일로 여기지 않았다. 모든 것이 네트워크의 산물이며, 어렸을 때부터 네트워크를 구축하는 습관을 키워준 덕분이다.

내 경험상 인맥 관리의 50%는 정보 관리에 달려 있다. 자녀에게 좋은 인맥을 만들어주려면 하비 매케이처럼 인맥 정보를 체계적으로 관리하는 습관을 들여줘야 한다. 정보 관리는 일기와 같다. 어렸을 때 습관이 들어야 어른이 되어서도 매일 꼼꼼하게 기록할 수 있다.

그렇다면 정보 관리, 어떻게 해야 할까?

성인은 명함첩, 명함 자동 정리기, 엑셀, 아웃룩, 휴대폰 등 다양한 방법을 이용할 수 있지만, 초등생 자녀의 경우라면 간단하게 만들면 된다. 이 책 100쪽의 '우리 아이 인명록 만들기'를 참고해 자녀에게 맞는 양식으로 보완해주자. 중학생 이상의 자녀라면 컴퓨터 엑셀 프로그램을 이용해 '인명록'을 만들어 저장하는 것이 좋다. 인맥 정보는 평생 보관해야 하기 때문에 종이에 기록하는 것보다는 컴퓨터에 저장하는 것이 편리하다. 게다가 엑셀 프로그램을 활용하면 정보를 신속하게 검색할 수 있고, 다른 인맥 관리 사이트에서도 주소록 호환이 가능하기 때문에 인맥 관리의 효율성이 높아진다.

인명록에 기본적인 정보를 저장한 다음에는 가족 관계, 꿈, 취미, 관심 사항 등 새로운 정보를 알게 될 때마다 빠짐없이 기록하도록 지도하자. 그리고 이렇게 축적된 정보를 바탕으로 매년 생일이나 기념일에 맞춰 축하 문자를 보내거나 연말연시나 명절 때 전화, 메일, 문자로 인사하는 방법을 알려주자. 아울러 매년 새롭게 형성할 인맥의 숫자에 대해 구체적인 목표를 세워보도록 지도하는 것도 바람직하다.

인명록과 별도로 휴대폰을 통해 인맥 정보를 관리하는 방법도 알려주자. 특히 요즘 아이들은 전화, 문자에 익숙하기 때문에 휴대폰에 정보를 저장하는 방법이 인맥 관리에 보다 도움이 된다. 사실 고가품이라 부담스럽기는 하지만 스마트폰을 활용하게 하는 것도 고려해볼 만하다. 스마트폰의 전화번호부는 여러 개 그룹에 교차 등록할 수 있고, 인터넷 접속이나 메신저 사용이 간편하며, 그룹별 채팅이 가능한 '카카오톡', 명함 내용을 인식해 전화번호부에 자동으로 저장해주는 '스마트리더' 같은 어플리케이션이 많기 때문에 인맥 관리에 디지털 도구를 활용하는 안목과 능력을 길러줄 수 있다.

휴대폰으로 인맥 정보를 관리하는 방법은 다음과 같다.

첫째, 전화번호부 그룹을 체계적으로 분류한다.

유치원, 초등학교, 중학교, 고등학교, 동네 친구, 선배, 후배, 동아리 등과 같이 그룹을 상세하게 분류해 저장해야 자신의 인맥 현황을 파악하고 연락을 주고받는 데 편리하다.

둘째, 새 인맥(새 친구) 그룹을 만든다.

처음 만난 친구를 새 인맥 그룹에 저장하면 최근에 누구를 만났는지, 새로 만난 사람은 몇 명인지, 그리고 상대방과의 연락 여부를 쉽게 파악할 수 있기 때문에 인맥 관리에 매우 유용하다.

셋째, 전화번호부 저장 항목 중 기념일 항목에는 생일을 등록한다.

최근에는 대부분 생일 파티를 하기 때문에 별다른 노력 없이도 쉽게 생일을 알 수 있다. 만약 생일을 알기 어려운 경우라면 처음 만난 날짜를 기념일로 등록하는 것도 유용한 방법이다.

미국의 클린턴 전 대통령은 어렸을 때부터 인맥 관리에 특별한 관심과 노력을 기울였다고 한다. 초등학교 시절 친구들의 이야기에 따르면 항상 수첩을 휴대하면서 친구들의 인적 사항과 개인 정보를 꼼꼼히 기록했다고 한다. 클린턴이 대통령으로 당선된 데에는 어린 시절부터 형성된 인맥이 중요한 역할을 했을 것이라 짐작해볼 수 있다.

우리나라에서는 고(故) 노무현 전 대통령이 인맥 관리에 큰 노력을 기울였던 것으로 알려져 있다. 국회의원 시절에는 '우리들'이라는 인맥 관리 프로그램을 만들어 특허 등록까지 마쳤으며, 대통령에 당선된 뒤에는 '노하우 2000'이라는 소프트웨어를 개발해 사용했는데 여기에는 자료 관리, 일정 관리, 명함 관리, 메신저, 회계 등의 기능이 포함되어 있었다고 한다. 상고 출신으로 별다른 학맥을 갖지 못했던 노무현이 수많은 정치적 동지와 인맥을 형성할 수 있었던 것은 그의 인간적인 소탈함과 진실한 성품 때문이었을 것이다. 대통령에서 물러나 봉하마을로 내려갔을 때 그가 받았던 국민적 인기 역시 마찬가지다. 이웃집 아저씨, 촌부와 다를 바 없는 순박하고 꾸밈없는 말과 행동으로 노무현은 사람들의 마음을 사로잡았던 것이다.

얼마 전 『동아일보』에 "한남대 법학과에 재학중인 B군은 네이트온 806명, MSN 340명 등 총 1,140명이 메신저에 등록되어 있으며 휴대전화에만 1,398명의 인맥이 저장되어 있다"는 기사가 소개되었다. 20대 초반의 학생으로는 대단히 많은 숫자의 인맥을 보유한 것인데, 어린 시절부터 친구나 만났던 사람에 대한 정보를 빠짐없이 저장하는 습관을 지녔을 것이라 짐작된다. 내 아이들을 확인해보니 대학생 딸의 경우는 250여 명, 중학교 2학년인 아들의 경우는 150여 명 정도의 인맥이 휴대폰에 저장되어 있었다. 앞으로 딸에게는 대학 졸업 전까지 1,000명의 인맥을, 아들에게는 고등학교 졸업 전까지 300명의 인맥을 저장하도록 지도할 생각이다.

인명록은 만나는 사람에 대한 정보를 기록하는 측면뿐만 아니라 인맥 관리 현황을 확인할 수 있다는 측면에서도 중요한 도구다. 인명록에 새롭게 등록된 사람이 없다면 새로운 인맥을 만나지 못한 것이며, 추가로 기록된 정보가 없다면 사람들과 연락하거나 만나지 않고 있다는 증거인 셈이다. 이렇게 자칫 소홀해지기 쉬운 인맥 관리를 꾸준히 할 수 있도록 지도하기 위해서도 자녀에게 인명록을 작성하게 하는 것이 좋다.

일기 쓰기와 마찬가지로 인명록도 처음부터 쓰려고 덤비는 아이는 없다. 부모가 인명록의 중요성과 필요성을 설명해주고, 습관이 들 때까지 아이가 잘 실천하고 있는지 살펴야 한다. 사람이 재산이라면 인명록은 곧 재산 목록이다. 자녀가 소중한 재산을 잘 일궈나가도록 도와주는 것은 부모의 몫이다.

♛ 우리 아이 인명록 만들기

번호	이름	관계	휴대폰	이메일	메신저	미니홈피	주소	생일	취미	기타
1										
2										
3										
4										
5										
6										
7										
8										
9										
10										
11										
12										
13										
14										
15										
16										
17										
18										
19										
20										

실천 일지를
만들게 하라

미국인들은 초대 대통령 조지 워싱턴이 미국 건국과 혁명의 과정에서 주요한 역할을 수행했다는 이유로 "미국 건국의 아버지"라고 부른다. 200여 년이 지난 지금까지도 조지 워싱턴이 미국에서 가장 존경받는 인물로 자리 잡고 있는 것은 그가 전투에 능한 장군이었거나 유능한 정치인이었기 때문이 아니다. 주어진 운명에 굴복하지 않고 평생 동안 스스로 고결한 인품을 가꿔나갔기 때문이다.

14세 무렵 조지 워싱턴은 페어팩스에 있는 집에서 『사람과 사물을 대하는 방법』이라는 책을 우연히 발견하게 된다. 그 책은 당시 영국 상류사회에서 유행하던 것으로 도덕규범에 관한 110가지 조항이 기록되어 있었다. "친구를 사귈 때는 친구에 대한 진지함과 존중을 보여줘야 한다", "다른 사람 앞에서 이를 쑤시지 마라", "뒤에서 남을 헐뜯지 마라", "다른 사람이 곤경에 처하면 적극 도와주고 남의 슬픔을 기뻐하지 마라" 등등…… 이러한 원칙이 자신의 삶에 절실히 필요하다고 느낀 워싱턴은 그 책을 빌려다가 한 글자도 빠짐없이 노트에 옮겨 적었다. 그런 다음 참된 인간이 되기 위해 가장 필요하다고 생각되는 원칙 몇 가지를 추려 수첩에 적어 항상 지니고 다녔다. 그 수첩에는 어떻게 말할 것인가, 어떻게 행동할 것인가, 일을 어떻게 처리할 것인가 등의 물음에 대한 답은 물론 양심과 신용, 우애, 책임, 예절의 중요성과 그 실천 방법 등이 적혀 있다.

미국 초대 정치인인 벤저민 프랭클린 역시 미국인들에게 많은 존경을 받는 인물이다. 미국 독립전쟁 때 프랑스의 경제적·군사적 원조를 얻어냈고 영국과의 협상에 미국 대표로 참석해 13개 식민지를 하나의 주권국가로 승인하는 조약을 맺었다. 특히 토머스 제퍼슨Thomas Jefferson과 함께 작성한 '미국독립선언문'은 역사에 길이 남을 위업이다. 아울러 과학자로서도 왕성히 활동해 피뢰침, 다초점 렌즈 등을 발명했다. 벤저민 프랭클린의 자서전은 미국에서 성경 다음으로 가장 많이 읽히는 책이며, 100달러짜리 지폐에도 그의 얼굴이 실려 있다.

하지만 벤저민 프랭클린의 출신이나 학력은 결코 화려하지 않았다. 가난한 집안의 열다섯번째 자식으로 태어난 그는 10세 때 가정 형편상 학교를 그만두고 형의 인쇄소에서 일을 배우기 시작했다. 17세 때는 가출해 필라델피아로 떠났는데 그곳에서 무일푼으로 인쇄업을 시작했다고 한다. 이렇게 열악한 환경에서 성장하며 정규교육은 2년

밖에 받지 못한 그가 역사적으로 존경받는 인물이 될 수 있었던 것은 올바른 성품을 함양하기 위해 평생토록 부단한 노력을 기울였기 때문이다.

사실 젊은 날의 벤저민 프랭클린은 다른 사람을 자주 비난하고 잘난 척을 많이 하는 성품이었다고 한다. 그러던 어느 날 한 친구에게 "벤저민, 너는 모욕적이고 공격적인 말을 입에 달고 살아서 널 좋아하는 사람이 아무도 없어. 뿐만 아니라 유식한 척은 또 얼마나 많이 하는지 아무도 너하고는 말하려고도 하지 않지. 불행하게도 너는 지금 네가 아는 얄팍한 지식 말고는 더이상 발전할 수 없을 거야"라는 조언을 듣고 난 뒤 자신의 거만하고도 독선적인 태도를 바꾸기로 결심한다. 그는 '겸손'을 추가한 13가지 인생 지침을 작은 수첩에 적어 놓고 매일 저녁 하루의 행동을 돌아보며 각각의 계율과 연관지어 잘못한 것이 있으면 해당란에 점을 찍는 방법으로 실천해나갔다고 한다. 그가 만든 13가지 인생 지침은 다음과 같다.

1. 절제(Temperance) | 배부르도록 먹지 마라. 취하도록 마시지 마라.
2. 침묵(Silence) | 다른 사람이나 나에게 도움이 되지 않는 쓸데없는 말은 삼가라.
3. 질서(Order) | 물건은 제자리에 두어라. 일은 정한 시간에 하라.
4. 결단(Resolution) | 해야 할 일은 과감히 결심하라. 결심한 일은 반드시 실행하라.

5. 절약(Frugality) │ 비싼 것은 사지 말고 낭비하지도 마라.

  즉, 자타에 이익이 없는 일에는 돈을 쓰지 마라.

6. 근면(Industry) │ 시간을 아끼고, 불필요한 일은 하지 마라. 유익한 일에

  종사하고 무용한 행위는 그만두어라.

7. 성실, 진실(Sincerity) │ 남을 해치거나 속이지 말고, 편견을 버리고 공정

  하게 생각하라. 모든 언행을 공정하게 하라.

8. 정의(Justice) │ 남의 권리를 침해하지 말고, 나의 의무를 다하라.

9. 중용(Moderation) │ 극단적인 것은 피하라. 내게 죄가 있다고 생각하거

  든 남의 비난과 불법적인 행동을 감수하라.

10. 청결(Cleanliness) │ 몸, 옷, 집이 불결한 것을 결코 용납하지 마라.

11. 평정(Tranquility) │ 사소한 일, 불가피한 일에 대해 화를 내거나 짜증

  내지 마라.

12. 순결(Chastity) │ 건강한 자손을 얻기 위해서만 부부 생활을 하라. 감각

  이 둔해지고 몸이 쇠약해지고 부부의 평화가 깨지고 소문이 나빠지

  게 해서는 안 된다.

13. 겸손(Humility) │ 예수와 소크라테스를 본받고 배워라.

이 13가지 덕목을 일주일에 하나씩 실천하면 일 년에 네 번 반복
해서 실천하게 된다. 벤저민 프랭클린은 이러한 훈련을 통해 도덕
적으로 완벽한 인품을 갖게 되었고, 50년 동안 한 번도 독선적인
말을 하지 않았다. 생각이 바뀌면 행동이 바뀌고, 행동이 바뀌면
습관이 바뀌며, 습관이 바뀌면 인격이 바뀌고, 인격이 바뀌면 운명
이 바뀐다는 말은 조지 워싱턴과 벤저민 프랭클린을 두고 한 말이

아닐까. 자녀의 운명을 바꾸고 싶다면 조지 워싱턴, 벤저민 프랭클린처럼 중요한 덕목을 생활의 지침으로 정해놓고 평생토록 꾸준히 반복해서 실천하도록 지도해야 한다. 모든 것은 습관이며 버릇이기 때문에 부모가 어렸을 때부터 좋은 성품을 길러줘야만 좋은 인맥을 형성할 수 있다.

성공적인 인간관계를 형성하는 데에는 다음의 덕목이 중요하다. 106쪽의 실천 일지를 종이에 인쇄해 자녀에게 나눠 주고, 매일 저녁 하루의 말과 행동을 돌이켜 보면서 올바른 성품을 지닐 수 있도록 이끌어주자.

tip

성공적인 인간관계를 위한 실천 덕목

1. 관심 – 타인에게 순수한 관심을 기울인다.
2. 미소 – 밝은 표정, 환한 미소를 짓는다.
3. 인사 – 내가 먼저 인사를 건넨다.
4. 경청 – 다른 사람의 이야기를 귀담아듣는다.
5. 공감 – 다른 사람의 생각, 감정, 입장을 헤아린다.
6. 배려 – 받으려고 하지 말고 먼저, 더 많이 베푼다.
7. 존중 – 이해관계가 없는 사람,
　　　　 지위나 연령이 낮은 사람을 대할 때도 존중한다.
8. 친절 – 항상 친절한 말과 행동을 한다.
9. 감사 – 항상 감사하는 마음으로 대한다.
10. 겸손 – 고집이나 자만심을 버리고 거만하게 행동하지 않는다.
11. 양보 – 자신의 몫, 차례를 양보한다.
12. 인내 – 화가 났을 때 분노를 조절하고 참는다.
13. 유머 – 항상 웃음과 여유를 지니도록 노력한다.

♛ 인성 교육을 위한 덕목과 실천 일지

	월	화	수	목	금	토	일
관심							
미소							
인사							
경청							
공감							
배려							
존중							
친절							
감사							
겸손							
양보							
인내							
유머							

Chapter 3

인기 많은 아이로 키우는 비결은 따로 있다

인생은 선물이다. 어떤 의미에서 인생은 신 또는 하늘로부터 받은 축복의 선물이고, 또 다른 의미로는 평생 다른 사람과 선물을 주고받는 것이 인생이다. 꼭 물질적인 선물만을 의미하지는 않는다. 때로는 따뜻한 칭찬, 밝은 미소, 사랑하는 사람을 위해 부르는 서툰 노래도 감동적인 선물이 될 수 있다. 그리고 어떤 선물을 주고받느냐에 따라 인생과 사업, 인간관계가 달라진다. 감동적인 선물을 주는 사람과는 평생의 인맥이 될 가능성이 높지만 성의 없는 선물을 주는 사람에게는 반감이 생겨 오히려 등을 지게 될 수 있다.

사회성은
7세 이전에 완성된다

『감성지능 EQ』의 저자, 대니얼 골먼은 사회성이 제대로 발달하지 못한 사람들을 '어둠의 유형'이라 지칭했다. 사회성은 사람들과 어울릴 때 상대방의 얼굴 표정과 목소리, 말의 내용을 인지해 감정과 의도를 파악하고 적절한 반응을 나타내는 능력을 의미한다. '어둠의 유형'에 해당하는 사람들은 사회성이 낮아 다른 사람의 생각과 감정을 잘 헤아리지 못하고 인간관계에 어려움을 겪는다. 학자들의 연구에 따르면 4세 미만의 아이에게는 사회성의 주요 영역인 '공감 능력'이 없는 것으로 알려져 있다. 다른 사람의 마음을 헤아리는 사회적 뇌의 기능이 아직 발달하지 못했기 때문이다.

사회성을 좌우하는 뇌 기능은 전전두엽의 일부인 안와전두엽, 전측대상, 편도핵 등에서 이루어지는데 이곳에서 다른 사람의 말과 행동을 인지해 그에 수반된 감정을 읽고 적절한 사회적 행동을 하게 되는 것이다. 사회적 뇌는 만 3세까지 가장 많이 성장하는데 다른 사람에 대해 느끼고 행동하는 사회성의 큰 틀이 이 시기에 완성된다. 사회적 뇌는 타인과의 경험에서 오는 자극에 따라 발달 여부가 달라지는데 만 3세 이전에는 대인 관계의 대부분을 부모가 차지하기 때문에, 결국 부모에게 어떤 자극을 받느냐에 따라 사회적 뇌의 발달 수준이 결정된다. 자녀의 사회성을 길러주려면 다음과 같은 사항을 참고해야 한다.

긍정적인 애착 경험을 형성하라

영국의 정신분석학자 J. M. 볼비Bowlby는 사랑하는 대상과 관계를 맺고 유지하려는 것을 '애착'이라는 용어로 정의했다. 아동심리학자들에 따르면 생후 3년 동안 부모와의 관계에서 형성된 애착이 아동 발달에 가장 중요하다고 한다. 이 시기에 즐겁고 믿음 있는 경험을 통해 긍정적인 애착 관계가 형성되어야 대인 관계에서 타인을 배려하고 신뢰하는 사회성이 길러진다. 반면 부모와의 애착 형성에서 문제를 겪으면 긍정적인 사회관계를 맺기 힘들어진다.

동물행동학자 해리 할로Harry Harlow는 새끼 원숭이를 대상으로 애착 실험을 했다. 한쪽에는 철사로 만든 딱딱하고 차가운 어미 원숭이 모형에 젖병을 매달아놓고, 다른 한쪽에는 젖병 없이 부드러운 천으로 만든 어미 원숭이 모형만 가져다놓았다. 새끼 원숭이는 배가 고플

때를 제외하고는 하루 종일 부드러운 천으로 만든 어미 원숭이 모형에 매달려 있었다. 이 실험에서 알 수 있듯, 애착은 생명체의 생존과 발달에 중요한 작용을 한다.

지금까지의 연구 결과에 따르면, 아이는 부모와의 경험을 기억으로 저장하고 이를 바탕으로 애착 패턴을 형성한다. 애착 패턴은 12개월 무렵부터 시작되어 만 3세 전후에 고정되는데 이렇게 고정된 애착 패턴은 다른 사람을 대할 때마다 작동해 대인 행동에 특정한 경향을 나타내게 된다. 일반적으로 80~90%의 사람이 고정된 애착 패턴을 가지고 평생을 살아가는 것으로 알려져 있다.

자녀의 사회성을 키워주는 가장 좋은 방법은 긍정적인 애착 경험을 형성해주는 것이다. 어릴 때 자주 함께 놀아주고, 따뜻한 눈빛과 부드러운 목소리로 말을 건네며, 많이 웃어주고 일상적인 행동과 작은 것이라도 성취에 대해 칭찬해주면 아이의 사회적 뇌 발달에 큰 도움이 된다.

부모의 사랑 표현법은 민감성, 반응성, 일관성의 세 가지 기준으로 구분할 수 있다. 민감성은 아이가 좋아하고 싫어하는 것을 예민하게 알아차리는 것, 반응성은 알아차리는 것에 머물지 않고 행동으로 반응해주는 것, 일관성은 변함없이 꾸준히 반응해주는 것을 의미한다. 자녀의 어린 시절에는 민감하게, 그리고 일관되게 반응하며 긍정적인 애착 경험을 많이 할 수 있게 해줘야 한다.

아동학자들은 7세 이전의 경험이 아이의 성공적인 발달에 매우 중요한 영향을 끼친다고 말한다. 심리학자 E. H. 에릭슨Erikson은 사람의 한평생을 심리사회학적 발달 단계로 구분하면서, 7세 이전이 아이들의 주도성을 키우는 데 가장 중요한 시기라고 설명한다. 대인 관계의 관점에서 이 시기는 다른 아이들과 어울리며 사회적 경험을 쌓아야 하는 연령에 해당한다. 대개 5~6세가 되면 유치원에서 또래 집단과 어울리기 시작한다. 이때 다른 아이들과 잘 어울리면 원만한 사회성이 길러지지만, 그렇지 못하면 성격적으로 위축되거나 반대로 돌출 행동을 하게 된다. 이런 행동이 잦아지면 친구들과 어울리지 못하고 계속 겉돌다가 심한 경우 따돌림을 당하기도 한다. 아울러 성인이 되어서도 대인 관계에 어려움을 겪게 된다.

예전에는 형제가 많아 가족 내에서도 대인 관계의 경험을 쌓을 수 있었지만, 한두 명의 자녀만 낳는 것이 일반화되면서부터는 어린 시절 또래 집단에서의 교우 관계가 사회성을 형성하는 데 중요한 비중을 차지하게 되었다. 특히 조기교육, 영재교육의 열풍으로 3~4세만 되어도 학원이나 개인 과외 등의 교육 프로그램에만 매달리는 부모가 많은데 자칫 잘못하면 대인 관계가 미숙한 아이로 성장할 수 있다는 사실을 명심해야 한다.

7세 미만 자녀의 사회성을 높여주려면 되도록 많은 아이와 어울리게 해야 한다. 사회성은 어린 시절 친구들과 어울리면서 자연스럽게 형성되기 때문이다. 다른 사람에게 관심을 갖고, 이해하고, 공감하는 방법을 배우기도 하고, 친구들과의 갈등을 통해 양보하고 타협하는 방법을 익히기도 하고, 자신의 생각과 감정을 타인에게 표현할 줄 알게 되며, 약속이나 규칙의 중요성을 깨닫기도 한다. 물론 이는 하루 아침에 형성되지 않는다. 장기간에 걸쳐 다양한 인간관계의 경험을 통해 축적된다. 아울러 부모의 관심이 병행될 때 더욱 적절한 사회적 능력을 기를 수 있다. 자녀가 자기중심적이고 이기적인 아이가 아니라 다른 사람의 감정과 의도를 헤아릴 줄 아는 공감 능력이 뛰어난 아이로 자라나도록 인성 교육에 노력을 기울여야 할 때다.

내게는 딸 하나, 아들 하나가 있다. 큰딸이 태어난 1992년에는 대기업 노동조합위원장에 당선되어 열정적으로 활동하던 때라 3세 이전까지는 딸과 함께 보낸 시간이 손가락으로 꼽을 만큼 적었다. 반면 아들이 태어났을 무렵에는 개인 사업을 하고 있어 비교적 많은 시간을 함께 보낼 수 있었다. 분유 먹이고, 기저귀 갈아주고, 잠투정할 때는 등에 업어 재우고, 주말이면 공원으로 산책을 나가 비둘기에게 함께 모이를 주기도 했다. 그 때문인지는 모르겠지만 두 아이를 보면 딸에 비해 아들이 타인과 공감하고 배려하는 성품이 더 강하다는 느낌을 받게 된다. 아마도 어린 시절의 애착 경험이 달랐던 것이 주된 이유가 아닐까 싶다.

옛말에 세 살 버릇이 여든까지 간다고 했다. 3세 이전의 애착 경험이 사회적 뇌를 결정하고 평생의 행동과 대인 관계를 좌우한다는 조사 결과를 보면, 선조들의 지혜가 놀라울 따름이다. 자녀에게 관계 능력을 길러주고 싶다면 3세까지 긍정적인 애착 경험을 많이 쌓게 해주고, 7세까지 많은 친구와 어울리게 하며, 타인과 잘 어울릴 수 있는 인성 교육에 노력을 기울여야 한다.

tip

인디언의 자녀 교육 11계명

1. 비판 받으며 자란 아이는 비난을 배운다.
2. 적대감 속에서 자란 아이는 싸움을 배운다.
3. 놀림 당하며 자란 아이는 부끄럼을 배운다.
4. 수치심 속에서 자란 아이는 죄책감을 배운다.
5. 관대함 속에서 자란 아이는 참을성을 배운다.
6. 격려 받으며 자란 아이는 자신감을 배운다.
7. 칭찬 받으며 자란 아이는 고마움을 배운다.
8. 공명정대함 속에서 자란 아이는 정의를 배운다.
9. 배려 받으며 자란 아이는 신앙심을 갖는다.
10. 인정받으며 자란 아이는 자신을 소중히 여긴다.
11. 사랑 받으며 자란 아이는 세상에서 사랑을 발견한다.

스킨십이
자신감을 길러준다

2007년 MBC 〈공부의 제왕〉에 출연했던 이지혜 양(22세·서울대 과학교육과)은 "아빠는 아침에 나가실 때 항상 저한테 뽀뽀를 해주셨어요. 텔레비전을 볼 때는 옆에 앉아서 손을 잡아주시거나 엄지손톱을 만져주시곤 했어요. 부모님한테 사랑받고 있다는 확신은 결과가 좋든 나쁘든 항상 최선을 다할 수 있게 해주었어요"라고 말했다. 이렇듯 자녀에게 자신감을 길러주려면 자녀와 함께 시간을 보내야 한다. 같이 놀아주고, 이야기를 들려주고, 많이 웃어주고, 따뜻하게 눈을 맞추고 스킨십을 나누면 아이는 정서적, 신체적으로 활발하게 발달하고 자신감도 향상된다.

자녀 교육에서 무엇보다 중요한 것은 자녀의 자신감과 자존감을 높여주는 것이다. 자신이 사랑받는 가치 있는 존재임을 인식한 아이는 대인 관계에 적극적이고 능동적으로 임하게 된다. 어린 시절 충분한 사랑을 받지 못하거나 상처를 많이 입으면 성인이 되어서도 소극적, 공격적 성향 때문에 원만한 대인 관계를 맺을 수 없게 된다. 자녀의 자신감을 높여주는 최고의 비결은 눈맞춤과 스킨십이다.

태어난 지 이틀밖에 안 된 신생아도 자신을 쳐다보는 시선을 알아차린다는 연구 결과가 있다. 영국-이탈리아 공동 연구 팀은 생후 2~5일 된 신생아에게 시선을 피한 얼굴 사진과 직시하는 얼굴 사진을 보여주었다. 그 결과, 신생아들은 각기 다른 반응을 보였는데 눈을 맞출 수 있는, 직시하는 얼굴 사진을 다른 사진보다 더 오래 보았고 시선도 똑바로 앞을 향했다고 한다.

미국의 저명한 심리학자, 자크 루빈Jacques Rubin 교수는 '루빈의 저울'이라는 용어를 만들었는데, 대화할 때 서로의 눈을 쳐다보는 시간을 측정해보면 두 사람의 애정도를 객관적으로 확인할 수 있다고 주장했다. 루빈 교수는 몰래카메라를 설치해놓고 연인들이 설문 조사를 기다리는 동안 대화를 나누면서 얼마 동안 눈을 맞추는지 측정했다. 그 결과, 오랫동안 눈을 쳐다본 커플일수록 애정 설문에서 높은 수치가 나온 것으로 밝혀졌다.

1989년 미국 심리학자 조앤 캘러먼Joan Kellerman과 연구 팀은 생면부지의 남녀 48명을 두 그룹으로 나누어 한 그룹에는 상대방의 눈을 2분 동안 보도록 지시하고, 다른 한 그룹에는 특별한 지시를 하지 않고 실험실에 들여보냈다. 이 연구에 따르면, 2분 동안 낯선 상대의 눈을 바라본 남녀는 "실험 후 서로에 대한 호감도가 높아졌다"고 대답했다. 실험 결과에서 알 수 있듯, 눈맞춤은 상대방에 대한 호감을 전달하며 동시에 상대방과의 친밀감을 형성하는 대표적인 방법이다.

미국 존스홉킨스 의과 대학의 데이비드 굿맨David Goodman 박사는 "부모가 서로에게 항상 미소 짓는다면 아이는 당신에게, 그리고 나중에는 세상에 미소를 보내게 될 것이다. 이것보다 실제적이고 중요한 훈련은 없다"라고 말했다. 자녀에게 사랑을 전달하고 소중한 존재라는 사실을 알려주고 싶다면 따뜻한 미소와 눈맞춤을 나눠라.

자신감을 높이는 비결 2 ▶ **따뜻한 스킨십**

스킨십을 나누면 피부에서 받아들인 감각이 척수를 통과해 뇌에 신호를 전달하고 옥시토신과 바소프레신의 수치를 상승시킨다. 이 두 가지 호르몬은 안정감을 유발하고 애착과 친밀감을 높이는 것으로 알려져 있다. 어느 실험 결과에 따르면, 카페에서 한 시간 동안 함께 머무는 경우 푸에르토리코 사람은 평균 180회, 파리 사람은 110회 정도 신체 접촉을 하는 것으로 조사되었다. 문화에 따라 신체 접촉의 빈도에도 차이가 있지만 나라와 지역을 막론하고 스킨십은 인간관계에 중요한 영향을 끼친다.

또한 스킨십은 건강에도 큰 도움을 준다. 스위스 취리히 대학의 비아트 딧젠Beate Ditzen 박사는 결혼을 앞둔 독일인 커플들을 대상으로 한 가지 실험을 했다. 연인들이 단순히 손을 잡는 것부터 성적 접촉까지 포함해 매주 몇 회나 스킨십을 하는지 조사한 다음 그들의 침에 포함된 스트레스 호르몬인 코르티솔의 수치를 측정한 것이다. 그 결과, 신체 접촉이 많은 커플은 코르티솔 수치가 낮은 것으로 나타났다. 연구진은 "스킨십을 통한 친밀감 형성이 신체적, 정신적 건강에 도움을 준다"고 밝혔다.

비단 연인뿐만 아니라 부모 자녀 사이에도 스킨십은 매우 중요하다. 스킨십이야말로 자녀를 건강하고 안정감 있는 아이로 키우는 가장 쉽고도 확실한 비결이다. 특히 부모는 아이가 태어나 처음으로 온기를 나누는 대상이기 때문에 부모와의 스킨십의 중요성은 이루 말할 수 없다. 자주 안아주고 온몸을 어루만져주면서 정서적인 교감을 나눠야 몸도 마음도 건강한 아이로 자라날 수 있다.

스킨십의 방법에는 여러 가지가 있다. 안아주기, 쓰다듬기, 입맞춤 등 다양하지만 유교 문화의 전통에 본의 아니게 세뇌당한 우리나라 부모와 자녀 사이에 무엇보다 자연스러운 스킨십은 간지럼 태우기가 아닐까 싶다. 나는 아들이 태어났을 때부터 중학생이 된 지금까지 자주 침대에 함께 누워 간지럼을 태우며 장난을 치곤 한다. 그럴 때마다 아들이 깔깔대던 웃음소리가 지금도 귓가를 울린다. 딸의 경우에는 초등학교 고학년이 될 무렵부터 스킨십이 슬그머니 사라졌다. 대다수 아빠들처럼 나 역시 신체적으로 성숙해가는 딸아이를 선뜻 안아주고 쓰다듬어주기가 쑥스럽고 어색했다. 다행히 몇 년 전부터는 생각을 바꿨고, 그 뒤로는 딸과도 자연스럽게 스킨십을 나누고 있다.

스킨십도 습관이다. 어렸을 때는 부르지 않아도 먼저 달려와 품에 안기던 아이들이 조금만 나이가 들어도 스킨십을 피하려 한다. 이런 변화를 어쩔 수 없는 것으로 받아들이기 시작하면 자녀와의 스킨십은 그걸로 끝이다. 가족간의 스킨십도 하면 할수록 자연스럽지만 안 하면 안 할수록 어색해진다. 따라서 아이가 자랄수록 더 많은 스킨십을 주고받도록 노력해야 한다.

미국의 위대한 신학자이자 철학자인 조녀선 에드워드Jonathan Edwards는 가족 집단을 대상으로 조사를 벌인 뒤 한 번의 포옹이 무려 2,500달러의 가치를 지닌다는 연구 결과를 발표한 바 있다. 스킨십이 가져다주는 정서적 안정감과 자신감, 그리고 사랑과 행복의 가치를 증명해주는 결과다. 자녀를 건강하고 자신감 넘치는 사람으로 성장시키는 눈맞춤과 스킨십, 아무리 많이 해도 지나치지 않는다.

tip

아이와 매일같이 나누는 5가지 스킨십

1. 따뜻한 미소와 함께 눈을 맞춘다.
2. 꼭 안아주거나 업어준다.
3. 손을 잡거나 어루만져준다.
4. 뽀뽀를 하거나 볼을 비벼준다.
5. 마사지를 해주거나 간지럼을 태운다.

인성 교육부터
시켜라

몇 년 전, '인맥 관리는 양희재처럼'이라는 제목으로 글을 쓴 적이 있다. 희재는 나의 중학생 아들인데 어렸을 때부터 기특한 행동을 많이 했다. 아침에 일어나면 밝은 목소리로 인사하고, 심부름 잘 하고, 엄마 아빠에게 안마해주고, 아파트 경비원, 청소부, 동네 어른들에게 씩씩하게 인사 잘하고, 휴대폰으로 "사랑해요", "힘내세요"라는 문자메시지를 자주 보내고, 먹을 것이 있으면 가족을 챙긴다. 가장 대견한 행동은 엘리베이터를 탈 때마다 열림 버튼을 누르고 있다가 가족이 모두 내린 뒤에야 마지막으로 나오는 것이다. 그런 모습을 볼 때마다 사람의 성품은 언제부터, 무엇 때문에 차이가 나는 것인지 궁금했다.

좋은 인맥을 만드는 비결을 한마디로 정의하면 무엇일까? 내 생각에는 '먼저 인간이 되어라'가 정답일 듯싶다. 좋은 인맥을 만들고 싶다면 자신의 인간성부터 살펴야 한다. 다른 사람을 따뜻한 마음으로 대하는지, 형식적이고 거짓된 만남에 물들지 않았는지, 겸손한 마음으로 말하고 행동하는지 스스로를 살펴보고 고쳐야 한다. '화향백리(花香百里), 주향천리(酒香千里), 인향만리(人香萬里)'라는 옛말이 있다. 꽃향기는 백 리를 가고, 술 향기는 천 리를 가고, 사람의 향기는 만 리를 간다는 뜻이다. 향기로운 사람은 어디에 있든 좋은 인맥이 찾아들게 마련이다. 자녀의 인성 교육에 부모가 힘써야 하는 것도 그 때문이다.

인성(人性)은 사람마다 가지고 있는 사고와 태도 및 행동 특성을 의미한다. 어렸을 때 적절한 인성 교육을 받으면 학교, 직장, 사회에서 원만한 대인 관계를 맺을 수 있지만 그렇지 못할 경우 인간관계에서 갈등이나 어려움을 겪게 된다.

그렇다면 어떤 인성을 가진 아이로 키워야 할까?

따뜻한 아이

누구나 마음 따뜻한 사람을 좋아하고 따뜻한 사람과 친구가 되고 싶어한다. 차갑고 쌀쌀맞은 사람을 좋아하거나 가까이 지내고 싶어하는 사람은 없다. 따뜻한 사람의 가장 큰 특징은 다른 사람에게 관심이 많다는 것이다. "사람은 누구나 자기 자신에게 관심을 보여주는 사람에게만 관심을 갖는다"라는, 로마 시인 푸블릴리우스 시루스

Publilius Syrus의 말처럼, 좋은 관계를 형성하려면 타인에게 먼저 관심을 가질 줄 알아야 한다. 평생을 가난하고 병든 사람을 위해 봉사한 테레사 수녀는 다음과 같은 말을 남겼다. "나는 결코 대중을 구원하려고 하지 않는다. 다만 한 개인을 바라볼 뿐이다. 나는 한번에 단지 한 사람만 사랑할 수 있다. 한번에 단지 한 사람만 껴안을 수 있다." 한 사람에 대한 작은 관심이 인류를 위한 위대한 헌신으로 이어졌듯 한 사람 한 사람에게 진심 어린 관심을 가져야 좋은 인맥을 만들 수 있다.

세계적인 다국적 기업의 CEO, 메리 케이 애쉬Mary Kay Ash는 남자 직원들의 절반밖에 되지 않는 연봉을 받으면서 25년 동안 직장 생활을 했지만 부하 직원이 먼저 승진하자 사표를 내고 나와 5,000달러의 자본금으로 메리케이 회사를 설립했다. 현재 메리케이 회사는 전 세계 30여 개국에서 170만 명의 뷰티 컨설턴트들이 활동하는 세계적인 화장품 기업으로 성장했다. 회장 자리에 오른 뒤 메리 케이는 이런 말을 남겼다. "나는 사람들을 만나면 그 사람의 가슴에 '나는 존중받고 싶다'라고 새겨진 목걸이가 걸려 있다고 생각하고 그 사람을 따뜻하게 대한다."

다른 사람에게 관심을 기울이고 존중하는 따뜻한 태도는 만 리를 퍼져나가는 향기가 되어 사람들을 가까이 끌어들인다. 이것이 좋은 인맥을 만드는 핵심 비결이다. 다른 사람에게 관심을 갖고 그 사람의 생각이나 감정, 상황을 헤아리도록 연습시키고, 자신과 이해관계가 없는 사람, 스쳐 지나는 사람에게도 따뜻한 관심을 보이고 존중하도록 아이를 지도해야 한다.

정직한 아이

악한 사람과 친구가 되려는 사람은 세상 어디에도 없다. 누구나 선한 사람을 좋아하고 선한 사람과 어울리고 싶어한다. 선한 사람의 가장 큰 특징은 거짓말을 하지 않는다는 것이다. 미국 초대 대통령 조지 워싱턴은 어렸을 때 아버지가 아끼는 벚나무를 베어버리는 실수를 저질렀지만 사실대로 잘못을 고백했다. 아들의 이야기를 듣고 워싱턴의 아버지는 화를 내는 대신 "네가 정직하게 말한 것이 벚나무보다 소중하다"고 말하며 칭찬해주었다. 자녀의 인성 교육을 위해 부모가 어떻게 행동해야 하는지 일깨워주는 일화다.

또 다른 일화도 있다. 랍비 하나가 당나귀 한 마리를 사서 네 명의 제자와 함께 씻기는데 목줄 사이에서 다이아몬드 하나가 떨어졌다. 제자들은 랍비가 가난에서 벗어나게 되었다고 기뻐했지만 랍비는 당나귀를 판 상인을 찾아가 다이아몬드를 돌려주며 "나는 당나귀를 산 것이지, 다이아몬드를 산 것이 아닙니다. 그러니 이것은 제 것이 아닙니다"라고 말했다.

지능이나 재능보다 중요하고, 비싸고 귀한 물건보다 소중한 것이 자녀에게 올바른 인성을 길러주는 것이다. 사회에서 대인 관계가 원만한 사람의 특징을 살펴보면 마음이 선하고 진솔하며 솔직하게 자신을 드러낸다는 공통점을 지니고 있다. 자녀에게 바른 인성을 길러주려면 거짓말하지 않는 아이로 키워야 한다. 평소에 정직의 중요성을 강조해 들려주고, 거짓말하지 않도록 지도하며, 다른 사람과의 약속은 반드시 지키는 습관을 지니도록 가르쳐야 한다.

겸손한 사람 역시 어디서나 환영받는다. 익을수록 고개를 숙이는 벼처럼 겸손한 사람 주변에는 저절로 좋은 인맥이 모여들게 마련이다. 겸손한 마음이 없으면 다른 사람의 잘못이나 실수를 비난하기 쉬우며 그 때문에 인간관계에 갈등을 빚게 된다. 인생과 사업에서는 열 명의 친구를 만드는 것보다 한 명의 적을 만들지 않는 것이 중요한데 이를 위해서는 겸손한 사람이 되어야 한다.

겸손한 사람의 가장 큰 특징은 다른 사람을 함부로 비난하거나 비판하지 않는다는 것이다. '삼가재상(三可宰相)'으로 유명한 황희 정승이 젊은 시절에 길을 가는데 노인 하나가 검정 소 한 마리와 누렁소 한 마리를 데리고 밭을 가는 모습을 보게 되었다. 황희가 걸음을 멈추고 "어느 소가 일을 더 잘합니까?"라고 묻자, 노인은 쟁기를 내려놓고 황희에게 다가와 작은 목소리로 귀에 대고 속삭였다. "검정 소가 일을 더 잘한다오." 노인의 태도를 의아하게 생각한 황희가 "그 말을 하려고 일부러 여기까지 걸어 나오셨단 말입니까?"라고 말하자, 노인은 "내가 저기서 큰 소리로 말하면 누렁소도 듣게 될 텐데 아무리 동물이지만 자신의 흉을 보는 것이 기분 나쁘지 않겠소?"라고 대답했다. 황희는 그 말을 듣고 큰 깨달음을 얻어 그 뒤로는 다른 사람의 단점을 쉽게 말하지 않았고, 작은 일에도 늘 말과 행동을 조심했다고 한다.

겸손한 마음 역시 좋은 인맥을 형성하는 데 꼭 필요한 자세다. 이를 위해서는 자녀가 평소에 친구의 흉을 보지 않고, 배울 점을 찾으며, 자만심에 사로잡히지 않고, 말과 행동을 삼가는 태도를 지니도록 지도해야 한다. 삼국시대 촉한의 제1대 황제인 유비가 제갈공명을 스승으로 모시기 위해 삼고초려(草廬三顧)를 한 것은 그의 나이 47세, 제갈공명의 나이 27세 때의 일이다. 이처럼 나이와 지위를 불문하고 겸손한 마음을 지녀야 세상에 큰 업적을 남길 수 있다. 자녀가 올바른 인성을 갖는 데에는 여러 가지 성품이 요구되지만 대인 관계와 관련해 부모가 가장 관심 있게 지도해야 할 것은 따뜻하고, 정직하고, 겸손한 성품이다. 이 세 가지 성품만 잘 길러준다면 아이들은 누구와도 원만한 인간관계를 유지할 수 있다.

tip

따돌림 당하는 아이의 특징

1. 잘난 척이나 자랑을 많이 하고, 친구들을 무시한다.
2. 고집이 세고 양보할 줄 모르며, 떼를 쓰거나 억지를 부린다.
3. 짜증을 많이 내며 잘 웃지 않는다.
4. 너무 소심해 의사표현을 하지 못한다.
5. 친구들을 배려할 줄 모르고 이기적이다.
6. 친구들 흉을 보거나 거짓말을 자주 해서 믿음을 주지 못한다.
7. 눈치가 없다.
8. 옷차림이 청결하지 못하거나 지나치게 튀는 스타일이다.
9. 혐오스러운 말이나 행동을 자주 한다.
10. 공격적인 행동이나 돌출 행동을 자주 한다.

아이는
믿는 만큼 자란다

몇 년 전의 일이다. 아침에 일어나보니 고등학교에 다니는 딸이 써놓고 간 메모가 책상 위에 놓여 있었다.

Daddy, I love you!

Have a good day. Thank you so much. You are a good father!

— Hee Jin

얼마 전부터 음악 학원 보컬 입시반에 등록시켜달라고 조르더니 기어이 편지까지 써놓고 간 것이다. 이 글을 읽고 난 뒤 나는 꼼짝 없이 딸아이의 부탁을 들어줄 수밖에 없었다. 나를 "좋은 아빠(good father)"라고 적어놓았는데 만약 허락해주지 않는다면 졸지에 '나쁜

128

아빠'로 전락해버릴 것이 틀림없었기 때문이다. 사람은 모두 기대하는 대로 행동한다. 딸이 나를 좋은 아빠라 믿으며 기대하니, 나 또한 딸의 기대에 맞춰 좋은 아빠의 역할을 충실하게 한 것이다.

1963년 미국의 교육심리학자, 로버트 로젠탈Robert Rosenthal은 학생들에게 쥐를 훈련시켜 미로를 빠져나오게 하는 실험을 하게 했다. 그 결과, 쥐에게 정성을 쏟은 그룹의 쥐는 미로를 잘 빠져나왔지만, 쥐를 소홀히 취급한 그룹의 쥐는 그렇지 못하다는 사실을 발견했다. 사람이 쥐에게 거는 기대에 따라 쥐의 학습 결과가 달라진다는 점을 알게 된 로젠탈은 교사와 학생 간에도 기대감에 따라 학습 결과가 달라질 것이라 추측했다. 이를 입증하기 위해 로젠탈과 리노어 제이컵슨Lenore Jacobson은 샌프란시스코의 한 초등학교에서 전교생을 대상으로 '돌발성 학습 능력 예측'이라는 지능검사를 실시했다. 그리고 검사 결과와 상관없이 무작위로 20% 정도의 학생을 선발했다. 로젠탈은 교사에게 명단을 넘겨주면서 몇 개월 내에 학업 성적이 향상될 가능성이 매우 높은 학생들이라고 알려주었다.

8개월 뒤, 동일한 학생들을 대상으로 다시 지능검사를 실시했는데 놀랍게도 무작위로 선발한 20%의 명단에 속했던 학생들은 다른 학생들보다 높은 평균 점수를 기록했다. 이 연구 결과를 통해 교사의 기대가 학생의 성적 향상에 큰 영향을 미친다는 사실이 알려졌고, 이를 '로젠탈 효과(Rosenthal Effect)'라 부르게 되었다. 무작위로 선정된 학생들의 성적이 다른 학생들보다 높게 나온 것은 교사들의 기대에 따른 피그말리온 효과(타인의 기대나 관심으로 인해 능률이 오르거나 결과가 좋아지는 현상)와 스스로에 대한 기대감으로 자신의 행동을 변화시킨 자기이행적 예언의 효과가 맞물렸기 때문일 것이다. 이처럼 기대감은 사람의 행동에 많은 변화를 불러일으킨다.

'로젠탈 효과'의 반대 개념으로 '낙인 효과(Stigma Effect)'라는 용어도 있다. 죄수나 노예, 또는 가축에게 찍던 낙인(烙印)에서 유래한 말이다. 범죄학 이론 중에 1960년대에 등장한 '낙인 이론(Labeling Theory)'이란 것이 있다. 이는 어떤 특정인이 사회규범을 어겼을 경우 사람들이 일탈자로 낙인찍으면 결국에는 범죄자가 되고 만다는 이론이다. 이처럼 전과나 이혼, 사업 실패 등과 같은 좋지 않은 과거 경력에 의해 나쁜 사람, 무능한 사람으로 낙인찍히면 의식적, 무의식적으로 그런 방향으로 행동하게 되는 것을 '낙인 효과'라고 말한다. 아이들 역시 예외가 아니다. 주변 사람들에게 바보라고 낙인찍힌 아이는 점점 바보처럼 행동하게 되며, 학교에서 왕따로 찍힌 학생은 점점 왕따처럼 행동하게 된다.

내가 중학교 3학년 때 어쩌다 시험 성적이 높게 나와 전체 학년에서 20등을 한 일이 있다. 며칠 뒤 토요일, 담임 선생님이 아침 조회 때 말씀하셨다.

"이제 고입 시험이 얼마 남지 않았다. 오늘부터 주말에도 특별 자율 학습을 할 거니까 학년 석차가 20등 이내에 드는 사람은 수업 후에 교실에 남아라."

4교시 수업을 마치고 같은 반 친구 몇 명과 함께 기다리고 있는데 담임 선생님이 교실로 들어오다가 나를 보고 깜짝 놀라 물었다.

"어? 너는 왜 집에 안 가고 여기 있니? 무슨 할 말이라도 있니?"

그 순간, 나는 낯이 뜨거워져 머뭇머뭇 대답했다.

"지난번 시험 때 20등을 했습니다. 아침에 학년 석차 20등까지 남으라고 말씀하셔서 이렇게 남았는데요."

한순간 담임 선생님의 얼굴에 당황스러운 표정이 스쳐 지나가더니 이내 겸연쩍은 표정으로 바뀌며 짧게 말씀하셨다.

"알았다. 자리에 앉아라."

그날 느낀 실망감과 부끄러움 때문만은 아니겠지만 나는 그 후로 한 번도 전교 20등 안에 들어본 적이 없다. 30년이 지난 지금까지도 그날의 느낌이 생생하게 남아 있는 것을 보면 16세 당시의 나에게 그다지 유쾌한 기억은 아니었던 모양이다. 물론 담임 선생님은 교육자로서 매우 훌륭한 분이었다. 진심으로 학생들을 사랑했고 제자들을 올바르게 교육시키는 데 헌신적이었다. 다만 유감스럽게도 한순간의 짧은 몇 마디 말이 나에게는 로젠탈 효과가 아니라 낙인 효과로 작용했던 것이 아닌가 싶을 뿐이다.

로젠탈 효과와 낙인 효과는 인간관계에 많은 시사점을 던져준다. 특히 자녀 교육에서는 긍정적인 기대를 적극적으로 표현해줘야 하며, 사소한 문제가 있어도 절대 부정적인 평가를 내려서는 안 된다. "너는 최고가 될 거야", "너는 인기 많은 친구가 될 거야"라는 말을 들려주어 로젠탈 효과를 기대할 것인지, 홧김에 내뱉은 "너는 안 돼!", "너는 성격이 문제야", "누가 너 같은 아이를 좋아하겠니?"라는 말로 아이에게 낙인을 찍을 것인지는 전적으로 부모에게 달려 있다.

아이들은 부모가 믿는 만큼 자란다. 로젠탈 효과를 활용해 자신감 넘치는 아이, 올바른 품성과 태도를 지닌 아이로 교육시켜보자. 부모는 아이에게 수시로 마법을 걸어야 한다. "너는 훌륭한 사람이 될 거야"라고 말이다.

눈치 지수를
높여라

삼성 그룹의 이건희 회장은 회사에 입사하던 첫날, 아버지 이병철에게 '경청(傾聽)'이라는 휘호를 선물받았다고 한다. 꿈, 용기, 도전, 성실, 창의 등 수많은 덕목이 있는데 하필이면 왜 '경청'을 강조한 것일까? 수많은 인간관계의 비결을 단어 하나로 말하라면 나는 '공감'을 꼽고 싶다. 공감의 사전적 정의는 '타인의 사고나 감정을 자기 내부로 옮겨 넣어 타인의 체험과 동질의 심리적 과정을 만드는 일'이다. 좀더 쉬운 뜻으로는 '남의 감정, 의견, 주장 따위에 대해 자기도 그렇다고 느끼는 기분'이다. 한마디로 공감이란 '통하는' 것이다.

우리는 자신의 생각과 감정을 잘 이해하고 공감해주는 사람과 친밀한 관계를 맺게 된다. 자녀의 마음을 잘 알아주는 부모, 학생의 마음을 잘 헤아려주는 선생님, 부하 직원의 마음을 잘 이해해주는 상사, 눈빛만 보고도 내 마음을 알아차리는 친구가 세상에서 가장 좋은 인맥이다.

공감 능력이 뛰어난 인물로는 오프라 윈프리Oprah Winfrey를 손꼽을 수 있다. 방송사에 입사해 기자로 활동하던 시절, 그녀는 화재 현장에서 자식을 잃고 슬픔에 잠겨 있는 사람들을 만나면 화재 발생 경위나 심정을 묻는 것이 아니라 그들을 끌어안은 채 "지금 당신의 심정이 어떤지 이해해요. 아무 말씀 안 하셔도 됩니다"라며 위로의 말만 되풀이했다고 한다. 이런 공감 능력이 있었기에 그녀는 〈오프라 윈프리 쇼〉를 통해 출연자들의 이야기에 공감하며 화려한 성공을 거둘 수 있었던 것이다. 심리학자 대니얼 골먼은 사회적 리더가 되기 위해 반드시 갖춰야 할 중요한 능력으로 공감 지능을 이야기하기도 했다.

그런데 사람은 어떻게 타인의 생각과 감정에 공감할 수 있는 것일까? 스웨덴 웁살라 대학의 울프 딤베리Ulf Dimberg 교수는 실험을 통해 공감 현상을 증명했다. 그는 실험 참가자들의 얼굴에 전자장치를 부착하고 화면을 통해 모르는 사람의 얼굴 사진을 0.5초 동안 보여주고 반응을 조사했다. 실험에 참가한 사람들은 화면에 나타난 표정에 어떠한 반응도 보이지 말고 무표정하게 있도록 요구받았다. 실험 결과, 화면에 나타난 사진의 얼굴이 무표정할 때는 실험 참가자들의 얼굴에도 아무런 변화가 없었지만, 웃는 표정의 얼굴을 보았을 때는 호감이나 웃음에 반응하는 근육이 움직였고, 화가 난 얼굴 표정을 보았을 때는 걱정과 분노에 반응하는 근육이 움직였다고 한다. 이 실험을 통해 우리는 다른 사람의 감정적인 표현에 즉각 반응하고 공감한다는 것을 알 수 있다.

공감 능력을 키우려면 눈치 지수를 높여야 한다. 눈치란 1. 다른 사람의 마음을 그때그때 상황으로 미루어 알아내는 것, 2. 속으로 생각하는 바가 겉으로 드러나는 어떤 태도를 의미한다. 다시 말해 눈치가 빠른 사람이라고 말할 때는 1번의 의미가 되고, 눈치를 살핀다고 말할 때는 2번의 의미가 되는 셈이다. 다른 사람의 눈빛, 표정, 몸짓, 말투, 단어와 문장 표현 등을 통해 상대방이 드러내지 않는 내면의 생각과 감정을 정확히 파악하는 능력이 바로 눈치다.

오스트리아 신경학자 볼프 싱어Wolf Singer는 인간에게 제3의 지능인 SQ(Social Intelligence Quotient, 사회적 지능지수)가 있으며 SQ는 훈련과 학습을 통해 높일 수 있다고 주장했다. 미국 하버드 대학의 하워드 가드너 교수가 '다중지능 이론'을 통해 주장한 대인 관계 지능에는 자신의 생각과 감정을 다른 사람에게 전달하는 능력, 그리고 다른 사람의 생각과 감정을 파악하는 능력이 포함되는데, 후자의 능력이 바로 눈치라고 말할 수 있다.

눈치가 빠른 사람은 원만한 인간관계를 맺고 성공적인 사회생활을 할 수 있지만 눈치가 없거나 둔한 사람은 인간관계나 사회생활에 어려움을 겪게 된다. 물론 뚜렷한 주관 없이 지나칠 정도로 다른 사람의 눈치를 살피는 행동은 바람직하지 않다. 그렇다고 다른 사람의 눈치를 전혀 보지 않거나 눈치를 살필 줄 모르는 사람 역시 좋은 관계를 맺기 어렵다. 뿐만 아니라 싸가지 없다거나 둔하다는 평가를 듣기

십상이다.

온라인 취업 사이트 '사람인'에서 직장인 1,694명을 대상으로 조사한 결과, 직장인 97.9%가 인간관계를 원만하게 맺는 데는 처세술이 중요하다고 판단하고 있으며, 가장 필요한 1위의 처세술로 '상황 판단력(눈치)'(52.4%)을 손꼽았다.

자녀의 눈치 지수를 높여주는 가장 좋은 방법은 경청 스킬을 향상시키는 것이다. 영국 속담에 "말을 많이 하면 후회가 늘고 말을 많이 들으면 지혜가 는다"는 말이 있고, 칭기즈칸은 "내 귀가 나를 가르쳤다"라는 명언을 남겼다. 세계적인 자동차 판매 왕, 조 지라드Joe Girard는 "세일즈의 절반은 고객의 말을 경청하는 것"이라고 말했다. 삼성 창업주 이병철 회장이 '경청'이라는 단어를 아들에게 물려준 것도 경청이 얼마나 중요한지 잘 알려주는 사례라고 할 수 있다.

경청에는 눈으로 듣기, 귀로 듣기, 머리로 듣기, 마음으로 듣기의 네 가지 방법이 있는데 가장 먼저 노력을 기울여야 할 것은 눈으로 듣는 경청이다. 상대방의 눈빛, 표정, 태도, 몸짓을 관찰해 겉으로 드러나지 않는 내면의 감정과 의도를 파악하는, 눈으로 듣는 경청이 습관화되면 귀, 머리, 가슴으로 듣는 경청은 저절로 향상된다.

아들이 초등학교 2학년 때의 일이다. 집에서 강의 교안을 만드느라 밤샘 작업을 하고 출근하는데 어린 아들이 걱정스러운 표정으로 물었다.

"아빠, 피곤하지 않으세요?"

"왜?"

"눈이 빨개서요."

순간 가슴이 뭉클해진 나는 아들을 품에 꼭 안아주고 집을 나섰다. 그날은 아들의 공감 능력 덕분에 하루 종일 가슴 벅찬 행복감에 사로잡혀 보낼 수 있었다. 그날 오후 아들에게 받은 문자 또한 평생 잊지 못할 것이다. "아빠 힘내세요, 힘내라 힘. 사랑해요. 그리고 용돈 좀 주세요." 마지막 문장에 한참 동안 배꼽을 잡고 웃었고, 그날 저녁 꽤 두둑한 용돈을 줬던 기억이 있다. 지금도 아들은 신기하리만치 눈치가 빠른 편이다. 항상 가족의 기분을 잘 헤아리고 다른 사람의 분위기에 맞춰 적절하게 행동한다. 눈치가 인간관계에서 얼마나 중요한지 잘 아는 나로서는 매우 고마운 일이 아닐 수 없다.

미국 화이자Pfizer 그룹의 회장, 제프 킨들러Jeff Kindler는 매일 아침 1센트짜리 동전 열 개를 한쪽 바지 주머니에 넣고 출근했다. 그리고 하루 종일 직원, 고객들을 만날 때마다 상대방의 이야기를 경청하고 충분히 공감해줬다고 판단되면 동전 하나를 반대쪽 바지 주머니에 옮겼다고 한다. 이렇게 성인이 되어서도 훈련해야만 하는 것이 경청 습관과 공감 능력이다.

자녀의 관계 능력을 키워주려면 먼저 눈치를 키워줘야 한다. 눈으로 경청하면 눈치 지수가 높아지고, 눈치 지수가 높아지면 공감 능력이 향상되며, 공감 능력이 높아지면 모든 인간관계를 성공적으로 이끌어갈 수 있다. 평소에 대화할 때 반드시 상대방과 눈을 맞추도록 가르쳐야 한다. 효과적인 경청을 위한 'SOFTEN 기법'을 활용해 자녀의 눈치 지수를 한 단계 높여보자.

인사 잘하는
아이로 키워라

얼마 전 지방에 있는 어느 대학교에 강의를 갔을 때의 일이다. 건물 안으로 들어서는데 지나가는 학생들이 밝은 표정으로 내게 인사를 건넸다. 흐뭇하면서도 한편으로는 신기한 생각이 들었다. 교무실에 도착해 담당 교수에게 물어보니 평소에 학교를 방문하는 외부 손님에게도 반드시 인사를 하도록 학생들에게 교육시키고 있다고 했다. 덕분에 그 대학의 졸업생들은 기업의 인사 담당자들에게 환영받아 취업률도 덩달아 높아졌다고 했다.

일본 아키타 대학의 아베 노보루阿部昇 교수가 쓴 『기적의 아키타 공부법』에는 일본 아키타 지역 학생들이 자율적인 학습 태도로도 우수한 성적을 거두는 비결이 소개되어 있는데, 그 비결 중 하나로 아키타에서는 전국 평균을 크게 웃도는 90%의 학교가 학생들에게 인사를 가르치고 있다는 내용이 실려 있다. 인사 잘하는 아이가 공부도 잘한다는 말이 맞는 모양이다.

며칠 전 어느 신문에는 대구 화원고등학교에 관한 기사가 소개되었다. 여느 학교와 다를 바 없는 평범한 농촌 학교였던 대구 화원고는 2008년 이유환 교장이 부임하면서 색다른 학교로 탈바꿈했다. "아이들이 학교, 선생님과 가까워지려면 어떻게 해야 할까 고민하다가 인사 잘하기를 실천해보면 어떨까 떠올리게 됐지요." 이 교장이 '먼저 인사하기 운동'에 앞장섰다. 등교 시간에 맞춰 학생들을 마중 나가 인사를 하기 시작한 것이다. 처음에는 쭈뼛거리던 학생들이 목례로 답했고 이런 분위기는 학교 전체로 퍼져나갔다. 화원고는 지난해 대입에서 서울대 2명을 비롯해 고려대 2명, 연세대 1명, 경북대 23명, 대구한의대 22명 등 전에 없는 입시 성적을 거두었다. 농촌 학교라는 이름을 무색하게 하는 성과였다. 이 교장은 "먼저 인사하기 운동은 교사와 학생 간의 친밀감을 높이고 인성 교육의 효과를 높이는 데 큰 도움이 됐다"고 말한다.

'인사(人事)는 만사(萬事)'라는 말이 있다. 이는 사람을 적재적소에 임용하고 해임하는 인사의 중요성을 강조한 말이다. 그런데 내 경험으로 보면 다른 사람에게 공경의 예를 표하는 인사 또한 모든 일의 근본이요 중심이다. 특히 인간관계에서 인사의 중요성은 아무리 강조해도 지나치지 않다. 직장이나 사회에서 인사 잘하는 사람치고 대인 관계가 원만하지 않은 사람이 없다. 반대로 인사를 잘하지 않는데도 대인 관계가 원만한 사람은 보지 못했다. 인사는 사람에 대한 가장 기본적인 예의이기 때문에 인사만 잘해도 쉽게 호감을 얻거나 칭찬을 받게 된다.

얼마 전 각계 인사 교류 모임에 갔다가 약속 장소 입구에서 대기업 임원인 K전무와 마주쳤다. 나보다 몇 살 위인 분인데도 나와 악수를 나눌 때 허리 숙여 깍듯하게 인사하는 모습에 감동을 받았다. 평소에도 배울 점이 많은 분이라 생각했지만 인사를 통해 느껴지는 그분의 겸손한 인품이 존경스러웠다. 이처럼 인사는 상대방에 대한 존경의 뜻과 함께 자신을 낮추는 겸손함의 상징이 되며, 정중한 인사는 열 마디 칭찬보다 상대방을 기쁘게 한다.

그러나 최근 우리 사회에서 인사 잘하는 아이를 만나는 게 점점 어려워지고 있다. 동네에서 오며 가며 자주 마주치는 아이들조차 제대로 인사를 하지 않는다. 어떻게 보면 어른을 만나면 인사를 해야 한다는 사실조차 알지 못하는 듯하다. 가끔 엘리베이터 안에서 아이들을 만나면 무안한 일을 종종 겪게 된다. 대다수 아이들이 엘리베이터에 타서 내릴 때까지 인사는커녕 눈도 마주치지 않는다. 어른인 내가 먼저 말을 건네며 칭찬해줘도 아이들이 나타내는 반응은 거의 하나같이 무뚝뚝하거나 시큰둥하다.

인터넷에서도 마찬가지다. 트위터, 페이스북 같은 소셜네트워크 사이트에서 활동하다 보면 낯선 사람들과도 자주 대화를 나누게 된다. 그런데 100명 중 99명은 대뜸 본론부터 들어간다. 처음 만나는 사람끼리 짧은 인사말을 주고받는 것은 서로에 대한 기본적인 예의이며 상식인데도 어찌된 일인지 인터넷에서 만나는 사람들은 거의 예외 없이 인사를 생략한다.

인사는 사회생활과 대인 관계에서 가장 기본적인 매너다. 사람은 누구나 자신을 존중해주는 사람을 좋아하는데, 인사야말로 가장 대표적인 존중의 표시다. 인사를 하지 않는다는 것은 상대방에 대한 존중과 공경의 마음이 없다는 뜻이며, 심지어 상대방에 대한 무시의 뜻으로 받아들여질 수도 있다. 영국 시인이자 평론가인 새뮤얼 존슨 Samuel Johnson은 "자신과 전혀 이해관계가 없는 사람을 대하는 태도로 그 사람의 인간성을 알 수 있다"고 말했다. 상대방의 지위나 나이, 이해관계를 떠나 인사를 잘하는 사람은 누구에게나 인격적으로 인정받으며 호감을 얻게 된다. 자녀에게 좋은 인맥을 만들어주려면 어떤 상황에서 어떤 사람을 만나든 반드시 정중하게 인사하는 습관을 길러줘야 한다.

아이들에게 인사성이 없는 것은 전적으로 부모의 잘못이다. 평소에 부모가 이웃이나 다른 사람에게 인사하는 모습을 보지 못했기 때문이며, 어른들을 만나면 반드시 인사해야 한다는 가르침을 받지 못한 까닭이다. 과연 우리 주변에 "공부 잘하는 아이보다 인사 잘하는 아이가 되어야 한다"고 말해주는 부모가 몇이나 있을까? 개그우먼 이성미는 한 인터뷰에서 "다섯 살 난 아들이 경비 아저씨에게 인사를 하지 않아 집에 들어와서 회초리를 들고 '하루를 먼저 태어나도 윗사람이니 앞으로는 꼭 인사를 하고 다녀라'라고 가르쳤다"는 일화를 소개했다.

방송인 김제동은 행사가 있을 때마다 스태프를 비롯해 행사장에서 만나는 사람들, 그리고 청소하는 아주머니들에게도 깍듯이 인사 잘하기로 소문이 나 있다. 이런 겸손함과 인사성이 그를 많은 사랑을 받는 연예인으로 만들어준 것이다. 인사는 그야말로 만사다.

자녀의 인사성을 길러주려면 먼저 올바른 인사법을 알려줘야 한다. 허리는 꼿꼿이 세운 채 말로만 인사하거나, 고개만 까딱 숙여 인사하는 것은 매우 잘못된 방법이다. 어른에게 인사할 때는 제자리에 멈춰 서서 허리와 머리를 숙이고 밝고 큰 목소리로 또박또박하게 인사를 해야 한다. 하루에 열 번을 만나도 매번 인사해야 한다. 될 성싶은 나무는 떡잎부터 다르며, 사회에서는 어른들에게 인정받는 아이가 성공하는 법이다. 어릴 때부터 자녀에게 인사 잘하는 습관을 들이는 것이 무엇보다 중요하다는 사실을 잊지 말고 반드시 실천하기 바란다.

tip

아이에게 가르치는 올바른 인사법

1. 부모가 먼저 인사 잘하는 모범을 보인다.
2. 아침에 일어났을 때, 저녁에 잠자리에 들 때 인사를 시킨다.
3. 외출할 때, 귀가할 때, 식사할 때 인사하라고 가르친다.
4. 손님이 찾아오면 반드시 불러내어 인사를 시킨다.
5. 동네에서 친구, 선배, 어른을 만나면 반드시 인사하게 한다.
6. 아파트 관리소 직원, 경비원, 청소부를 만나면 반드시 인사를 시킨다.
7. 학교, 학원, 기타 일상생활에서 만나는 사람들에게 인사하라고 가르친다.

말버릇이
평생의 인맥을 좌우한다

대학생, 직장인들이 가장 닮고 싶어하는 CEO 1위로 손꼽히고 매년 존경받는 한국의 지성인 중 한 명으로 선정되는 안철수 교수는 가장 나이 어린 직원에게도 반드시 존댓말을 쓴다고 한다. 사람을 존중하는 마음도 있겠지만 어렸을 때부터 안 교수의 어머니가 자녀들에게도 깍듯하게 존댓말을 썼기 때문에 안 교수도 자연스럽게 존댓말 하는 습관을 지니게 되었다고 한다.

언어는 습관이다. 어린 시절에 형성된 말버릇이 평생의 언어 습관으로 남는다. 따라서 자녀에게 올바른 언어 습관을 들이려면 어렸을 때부터 좋은 말버릇을 지니도록 지도해야 한다. 특히 대인 관계는 커뮤니케이션 관계이며 어떤 말버릇을 가졌느냐에 따라 인간관계가 달라진다. 긍정적인 말을 많이 하는 사람은 인기가 많고 원만한 인간관계를 형성하기 쉽지만 부정적인 말을 많이 하는 사람은 따돌림 당하거나 많은 갈등을 빚게 된다. 그러니 어렸을 때부터 자녀가 긍정적인 말버릇을 지니도록 이끌어주는 것이 무엇보다 중요하다.

부모의 말버릇이 자녀의 말버릇이다

아이의 언어 능력이 형성되는 3~7세 무렵이 언어 습관을 잡는 데 가장 중요한 시기다. 이 시기에 부모가 어떤 말버릇을 가졌느냐에 따라 자녀의 언어 습관이 좌우된다. 안철수 교수의 경우처럼 부모가 존댓말을 하면 아이들도 자연스럽게 존댓말을 사용하지만 부모가 폭언이나 욕설을 자주 하면 아이들의 말버릇도 폭력적인 언어 습관을 나타내게 된다. 따라서 부모가 먼저 올바른 언어 습관을 보여줘야 한다. '죽겠다', '못살겠다', '짜증 나', '지겨워', '미워', '~때문에' 같은 부정적인 말보다는 '즐거워', '신나', '사랑해', '고마워', '감사해', '~덕분에'와 같이 밝고 긍정적인 말을 많이 들려줘야 한다.

비단 말버릇 때문만이 아니라 부모의 언어 습관은 아이의 정서에도 큰 영향을 미친다. MBC에서 한글날 특집으로 말의 힘에 대한 실험을 한 적이 있다. 두 개의 유리병에 쌀밥을 넣은 다음 한쪽 유리병에는 '고맙습니다'라는 글자가 적힌 종이를 붙이고 매일 긍정적이고 밝은 말만 들려주었다. 다른 쪽 유리병에는 '짜증 나'라는 글자를 붙이고 "짜증 나", "미워", "넌 왜 그러니?"와 같이 부정적이고 신경질적인 말을 매일 들려주었다. 4주가 지난 뒤 두 개의 유리병을 비교한 결과, 긍정적인 말을 들려준 '고맙습니다' 병 안에 들어 있던 쌀밥은 하얗고 뽀얀 곰팡이가 누룩 냄새를 풍기고 있던 반면, '짜증 나' 병 안에 들어 있던 쌀밥은 시커멓게 썩어 있었다. 부모가 무심코 내뱉는 말이 아이들에게는 독이 될 수 있다. 따라서 부모가 항상 먼저 밝고 긍정적인 말을 쓰도록 노력해야 한다.

부정적인 말은 쓰지 못하게 하라

어린 시절에는 언어에 대한 분별력이 떨어지기 때문에 친구나 TV 등을 통해 알게 된 욕설이나 폭력적이고 부정적인 말을 하기 쉽다. 이런 일이 생기면 즉각적이고 단호하게 지도해야 한다. 처음에 바로 잡지 않으면 금세 말버릇이 되어 조금만 지나도 쉽게 고쳐지지 않는다. 내 아이들의 경우에는 초등학교 때 "짜증 나"라는 말을 입버릇처럼 달고 살았다. 처음에는 무심코 넘어갔는데 몇 개월이 지나도 자꾸만 반복되기에 부랴부랴 주의를 주었지만 그때는 이미 늦은 상황이었다. 그 후로도 1~2년 동안은 "짜증 나"라는 말버릇을 떨쳐내지 못했다. 다행히 지금은 그 말을 쓰지 않지만 최근에는 "어쩌라고?"라는 새로운 말버릇이 생겼다. 아마도 딸이 먼저 쓰기 시작한 것을 아들이 따라 하게 된 듯했다. 몇 번을 타일렀지만 아직도 고치지 못하고 있다. 한번 시작되면 고치기 어려운 것이 말버릇이다. 평소에 자녀의 말을 주의 깊게 듣고, 부정적인 말을 하면 재빨리 바로잡아주어야 한다.

긍정적인 언어 습관을 갖게 하라

우리나라 성인들이 잘 표현하지 못하는 말이 세 가지 있다. 바로 '미안합니다', '고맙습니다', '사랑합니다'이다. 물론 이외에도 여러 가지 말이 있겠지만 내 생각에는 이 세 가지 말버릇만 있으면 모든 대인 관계를 원만하게 유지하는 데 큰 어려움이 없을 것 같다. 가만히 생각해보면 나를 낳아준 부모님께도 잘 표현하지 못하는 말이 '미안합니다', '고맙습니다', '사랑합니다'라는 세 가지 말이다. 부부간의 갈등도 이 세 가지 말만 자주 주고받으면 대부분 해결될 것이며, 직장에서의 인간관계 또한 마찬가지일 것이다. 사회에서도 다른 사람에게 미안한 마음, 감사한 마음, 호감과 애정을 적극적으로 표현할 줄 알아야 좋은 인맥을 쌓을 수 있다. 자녀의 대인 관계 능력을 높여주려면 이 세 가지 말이 말버릇처럼 자연스럽게 나올 수 있게 지도해야 한다.

그렇다면 긍정적인 말버릇, 어떻게 가르쳐야 할까?

첫째, 부모가 먼저 "미안해", "고마워", "사랑해"라고 자주 말한다.

둘째, 식사 시간에는 반드시 "감사합니다. 잘 먹겠습니다", "감사합니다. 잘 먹었습니다"라고 말하게 한다.

셋째, 다른 사람에게 선물이나 도움, 배려를 받았을 때는 반드시 "감사합니다"라고 말하게 한다.

넷째, 잘못이나 실수를 했을 때는 반드시 정중한 태도로 "죄송합니다"라고 말하게 한다.

다섯째, 생일, 어린이날, 어버이날, 기타 기념일과 평소 대화나 스킨십을 나눌 때 "사랑해요"라고 말하게 한다.

여섯째, 매일 잠자리에 들면 그날 만났던 사람들을 떠올리며 "미안합니다", "감사합니다", "사랑합니다"라고 말하게 한다.

미국 국립건강관리소의 에릭 에머슨^{Eric Emerson} 박사는 감사와 건강의 상관관계를 알아보기 위해 일련의 실험을 했다. 먼저 실험 참가자들을 세 그룹으로 나누어 A그룹은 기분 나쁜 말과 행동, B그룹은 감사의 말과 행동, C그룹은 일상적인 말과 행동에 집중하도록 지시했다. 실험을 마친 뒤 각 그룹에 일어난 변화를 분석한 결과, 감사의 말과 행동을 많이 한 B그룹 사람들의 건강 상태가 가장 양호하고 가장 큰 행복감을 느낀 것으로 확인되었다.

이처럼 감사의 말을 자주 하는 것은 자녀들의 건강과 행복에도 긍정적인 영향을 끼치게 된다. 영화감독 스티븐 스필버그는 어린 시절에 어머니에게 "하지 마", "안 돼"라는 말을 거의 들어보지 못했다고 한다. 이런 긍정적인 언어 습관의 영향이 있었기에 스필버그가 〈E.T.〉, 〈쥬라기 공원〉과 같은 창의적인 영화를 만들 수 있었을 것이다. 부모가 먼저 모범을 보여주고 자녀가 긍정적인 말버릇을 지니도록 관심과 노력을 기울이자.

배려할 줄 아는
아이로 키워라

며칠 전 일이다. 집에 돌아와 가족과 함께 저녁을 먹는데 갑자기 딸과 아들이 티격태격하기 시작했다. 언뜻 상황을 보니 누나가 먹으려던 배추김치가 너무 커서 반으로 잘랐는데, 남은 반쪽을 동생이 냉큼 집어다가 먹어버린 것이다. 계속 입씨름을 벌이기에 잠시 식사를 중단시키고 '배려'에 대해 짧게 지적해주었다. 동생은 먹고 싶은 욕구를 채우기 전에 누나의 생각을 헤아렸어야 하고, 누나는 동생의 마음을 이해하고 나눠 먹도록 양보하고 배려했어야 한다고 말해주었다. 두 아이 모두 수긍하는 표정은 아니었지만, 아빠 입장에서는 좀 더 배려심을 길러줘야겠다고 마음먹게 된 시간이었다.

2006년 세계경제포럼(WEF)에서 아시아를 이끌 차세대 리더 18명의 명단을 발표했다. 한 언론사에서 이들의 특징에 대해 설문 조사를 한 결과, 독서를 제외하고 유일하게 발견된 공통점은 '타인에 대한 배려'였다. 응답자 대다수가 "어려서부터 부모님이 항상 남을 배려하라고 가르치셨다"라며 배려를 인생의 주요한 덕목으로 삼고 있다고 대답했다. 이처럼 배려는 차세대 리더가 반드시 갖춰야 할 필수 요건으로 주목받고 있다.

어느 초등학생 학습지 회사에서는 학부모를 대상으로 "자녀에게 가장 해주고 싶은 교육은 무엇인가요?"라는 설문 조사를 했는데, '타인에 대한 배려'가 가장 많은 응답으로 1위를 기록했다. 설문 참가자들은 "베풀 줄 아이로 자랐으면 좋겠어요", "자신의 감정을 다스리고 남을 배려하는 아이로 교육시키고 싶어요", "따뜻한 마음으로 사람들을 바라보는 아이로 키우고 싶어요"라고 대답하며 배려를 자녀 교육의 첫번째로 손꼽았다.

배려하는 아이는 친구들에게 인기가 많지만 배려할 줄 모르는 아이는 따돌림을 당하기 쉽다. 자녀의 사회성을 높여주려면 배려할 줄 아는 성품을 길러줘야 한다. 한동안 많은 사람에게 인기를 얻었던 베스트셀러 『배려』에는 인도의 성자, 바바 하리다스Baba Hari Dass에 대한 이야기가 실려 있다.

앞을 못 보는 사람이 밤에 물동이를 머리에 이고, 한 손에는 등불을 들고 길을 걸었다. 그와 마주친 사람이 물었다.

"당신은 정말 어리석군요. 앞을 보지도 못하면서 등불은 왜 들고 다닙니까?"

그가 말했다.

"이 등불은 나를 위한 것이 아니라 당신을 위한 것입니다. 당신이 나와 부딪히지 않게 하려고요."

배려는 남을 도와주거나 보살펴주기 위해 마음을 쓰는 것으로, 인간관계에서 가장 핵심적인 덕목이다. 타인을 배려할 줄 아는 사람 주위에는 저절로 좋은 인맥이 형성되지만 배려를 모르는 사람은 인간관계에서 많은 어려움을 겪게 된다.

자녀에게 배려를 가르치려면 어떻게 해야 할까?

첫째, 부모가 모범을 보여야 한다. 너무 당연한 말이지만 부모의 역할이 가장 중요하다.

미국의 저명한 아동학자, F. 왓슨Watson 박사는 부모가 아이들을 사랑과 배려로 키운다면 아이도 남을 배려하는 따뜻한 마음을 가진 어른으로 성장한다고 말했다. 부모가 먼저 아이들을 배려하고 남편과 아내가 서로를 배려하는 모습을 많이 보여주면 아이들의 배려심도 커진다. 정작 가족끼리는 서로를 배려하지 않으면서 아이들에게 친구나 타인을 배려해야 한다고 가르치는 것은 옆으로 걷는 엄마 게가 아기 게에게 똑바로 걸으라고 충고하는 것과 다를 바 없다.

아빠가 엄마를 배려해 집안 청소, 설거지, 쓰레기 분리수거 등을 도와주고, 엄마는 아빠를 배려해 아빠가 좋아하는 음식을 정성껏 만들거나 직장 생활로 피곤한 아빠에게 안마를 해줄 때 아이들도 자연스럽게 가족과 친구를 배려하는 습관을 지니게 된다. 평소에 가족끼리 서로를 배려하는 말과 행동을 적극적으로 실천하자.

둘째, 아이가 어릴 때부터 배려의 중요성과 실천하는 방법을 알려줘야 한다.

일본 아이들은 어렸을 때부터 "남에게 폐를 끼치지 마라"라는 말을 수시로 들으며 자란다고 한다. 그렇기 때문에 당연히 성인이 되어서도 공중도덕을 잘 지키려 노력한다. 미국 아이들은 "남에게 베풀어라"라는 말을 가장 많이 들으며 자란다고 한다. 미국이라는 나라에 기부, 입양, 봉사, 사회적 약자에 대한 배려의 문화가 자리 잡을 수 있었던 것은 어쩌면 자연스러운 일일 것이다.

반면 우리나라 아이들이 가장 많이 듣고 자라는 말은 무엇일까? 아마도 "바보같이 굴지 마라"라는 말이 아닐까 싶다. 친구들에게 이용당하지 말고, 손해 보지 말고, 자기 몫을 챙기라는 부모의 어긋난 자식 사랑에서 비롯된 표현일 것이다. 일견 이해가 되는 부분도 있지만 이런 식의 자녀 교육으로는 배려심을 키워줄 수도 없을 뿐만 아니라 부모들이 바라는 사회적 성공과 존경을 얻기도 어렵다.

두 아이를 공개 입양해 가슴으로 낳는 사랑의 본보기를 보여주고 다양한 기부 활동도 하고 있는 차인표, 신애라 부부는 방송 인터뷰에서 "아무리 힘든 처지에 놓인 아이들도 정성과 사랑으로 대하면 훗날 사랑을 베푸는 아이로 자라날 것이다"라고 말하며 배려와 나눔의 중요성을 강조했다. 현재 차인표, 신애라 부부는 '대한민국이 닮고 싶은 부부' 1위로 많은 사람의 사랑을 받고 있다.

그렇다면 아이에게 배려를 가르치는 구체적인 실천 방법은 무엇일까?

첫째, 많이 양보하게 하라.

배려는 자기 기분대로 하는 것이 아니라 타인을 위해 참고 양보하는 것이다. 따라서 자신의 의사나 욕구를 내세우기 전에 가족이나 친구의 생각과 입장을 살펴야 한다. 어떤 말이나 행동을 하기 전에 자신의 말과 행동이 상대방에게 어떻게 받아들여질지 헤아려보고 상대방을 위해 최대한 양보하게 하라.

둘째, 기분 좋은 말을 많이 하게 하라.

배려는 따뜻한 말을 많이 건네고 비난이나 비판 같은 차가운 말을 하지 않는 것이다. "괜찮아, 실수로 그런 건데 뭐", "고맙다, 잘 쓸게", "힘내, 다음 시험은 틀림없이 잘 볼 거야"처럼 친구의 기분을 좋게 해주는 이해, 감사, 위로, 격려, 칭찬의 말을 많이 하게 하라.

셋째, 친구를 돕게 하라.

배려는 타인을 돕거나 보살펴주는 것이다. 학교에서 연필, 지우개 같은 학용품을 빌려주거나 친구의 공부나 청소를 돕고, 맛있는 반찬을 나눠 먹고, 친구들과 잘 사귀지 못하는 아이가 있으면 주의를 기울여 함께 어울리게 가르쳐라.

서울대 교육연구소 한국인적자원연구센터의 설문 조사 결과, 서울대생에게 부족한 덕목으로 공동체 의식과 배려심 등을 뜻하는 '가치관 및 태도'가 가장 많이(39%) 손꼽혔다. 이는 서울대 학생들에게만 국한된 이야기가 아니라, 어릴 때부터 별다른 인성 교육 없이 공부에만 집중할 것을 요구받은 우리나라 학생들 모두에게 해당하는 일일 것이다. 이처럼 배려심은 단기간에 쉽게 길러지지 않기 때문에 자녀가 어렸을 때부터 부모가 특별한 관심과 노력을 갖고 지도해야 한다.

인간관계에서 누군가를 배려하면 상대방의 마음에 호의적인 감정이 쌓이게 되는데, 『성공하는 사람들의 7가지 습관』의 저자, 스티븐 코비Stephen R. Covey는 이를 '감정은행계좌(Emotional Bank Account)'라고 불렀다. 친구나 다른 사람의 감정은행계좌에 나에 대한 호의적인 감정이 쌓여야 친밀하고 신뢰할 수 있는 관계가 형성될 수 있다. 다른 사람들의 가슴속 '감정은행계좌'를 꽉 채운 우리 아이들에 대한 좋은 감정, 생각만 해도 뿌듯하고 흐뭇한 일이다. 배려할 줄 아는 아이가 사람들의 마음을 얻고, 행복한 성공을 이룬다.

칭찬할 줄 아는
아이로 키워라

사람은 누구나 칭찬을 좋아한다. 나폴레옹 황제는 신하들의 아첨을 경계하기 위해 자신에 대해 칭찬하는 것을 금지했다. 그런데 어느 날, 한 신하가 나폴레옹에게 다가와 "저는 진심으로 황제 폐하를 존경합니다. 그 이유는 폐하가 칭찬을 멀리하기 때문입니다"라고 말하자 나폴레옹이 화를 내기는커녕 무척 좋아했다는 일화가 전해진다. 이렇듯 칭찬은 듣는 사람을 기쁘고 행복하게 해준다. 칭찬을 들으면 우리 뇌에서 만족감과 쾌감을 느끼게 하는 도파민이 퍼져나오기 때문이다.

미국의 팝가수 마돈나는 어린 시절 못생긴 외모 때문에 고민했다. 그런데 어느 날, 무용 선생인 크리스토퍼 플린에게 "고대 로마의 신상처럼 아름답구나"라는 칭찬을 들은 뒤로 자신감을 얻어 지금과 같은 유명한 가수가 될 수 있었다고 한다. 어린 시절에 들은 따뜻한 칭찬 한마디가 마돈나의 운명을 바꿔놓은 것이다.

칭찬이 지닌 강력한 힘은 케네스 블랜차드Kenneth Blanchard의 베스트셀러 『칭찬은 고래도 춤추게 한다(Whale Done!)』를 통해 보다 널리 알려졌다. 이 책에서는 길들여지지 않은 범고래에게 칭찬을 들려주면 수면 위로 3미터 이상을 뛰어오르는 묘기를 선보인다는 '고래 반응'을 소개하며 칭찬의 효과를 강조하고 있다. 이 책뿐만 아니라 칭찬에 관해서는 오래전부터 다양한 학자와 많은 연구 결과가 그 중요성을 강조해왔다.

행동주의 심리학자 벌허스 스키너Burhus F. Skinner는 "칭찬은 행동을 변화시키는 가장 강력한 도구다. 칭찬은 칭찬을 듣는 사람으로 하여금 어떤 행동을 더 잘하도록 하며 모험을 받아들이도록 용기를 준다"라고 주장했고, 정신분석학자 프로이트는 "사람이란 공격에는 저항할 수 있지만 칭찬에는 모두 무기력하다"고 말했다. 영국 속담에는 '바보라도 칭찬을 해주면 유용하게 쓸 수 있다'는 말이 있다. 이 모두가 칭찬에는 사람을 변화시키는 강력한 영향력이 있다는 사실을 알려주는 말들이다.

일본에서 생후 4개월 된 아이를 대상으로 3년 넘게 추적 조사한 결과, 부모에게 칭찬의 말을 자주 들은 아이의 사회 적응력이 그렇지 않은 아이에 비해 두 배 이상 높았다는 결과가 발표되었다. 칭찬은 자신감과 자아존중감(self-esteem)을 길러주어 대인 관계에 적극적으로 임하게 하기 때문이다. 뉴욕의 스토니브룩 대학 연구 팀의 연구 결과에서는 칭찬받지 못하는 여성들은 삶의 질이 현저히 떨어지는 것으로 나타났다.

칭찬은 직장에서도 큰 힘을 발휘한다. 안철수 연구소에서 임직원 500여 명을 대상으로 실시한 설문 조사 결과에 따르면, 직장에서 가장 듣고 싶은 말은 "참 좋은 아이디어야! 역시 자넨 아이디어 뱅크야"라는, 창의력을 인정해주는 말이 1위(35%)로 꼽혔다. 한화 그룹의 사내 설문 조사에 의하면 후배들은 "수고했어", "잘했어"라는 말을 가장 듣고 싶어하며, 선배들 역시 "존경합니다", "멋져요" 등의 말을 가장 듣고 싶어하는 것으로 확인되었다.

또 다른 기업에서는 "직장 생활에서 가장 행복을 느낄 때"라는 주제로 설문 조사를 했는데 "칭찬, 격려를 받을 때"라는 응답이 1위(45%)로 선정돼, 상사의 칭찬과 격려가 동기부여, 직장 만족도에 중요한 영향을 주는 것으로 나타났다. 가정에서나 직장에서나 칭찬의 효과는 동일하다. 칭찬은 사람들의 행동을 변화시키고, 행복감을 가져다주며, 인간관계를 돈독하게 만들어준다. 그렇기 때문에 되도록 자주 다른 사람에게 칭찬을 들려주도록 노력해야 한다.

그런데 최근 조사에 따르면 잘못된 칭찬은 오히려 역효과를 불러일으키는 것으로 밝혀지고 있다. EBS의 〈학교란 무엇인가〉라는 프로그램에서 초등학교 2년생 10명을 대상으로 칭찬의 효과에 대해 실험을 했다. 초등학교 2학년 수준의 책과 유아용 책 중 원하는 책을 100분 동안 읽게 하고, 읽은 책의 숫자만큼 칭찬 스티커를 주기로 했다. 실험에 참가한 아이들이 읽은 책은 총 192권이었는데 아이들의 수준에 맞는 책은 단 22권에 불과했다. 대부분의 아이가 칭찬 스티커를 받기 위해 읽기 쉬운 유아용 책을 선택한 것이다.

또 다른 실험에서는 유치원 아이들을 두 그룹으로 나누어 누구나 쉽게 맞출 수 있는 퍼즐을 과제로 내주었다. 잠시 후 아이들이 퍼즐을 맞추자, A그룹의 아이들에게는 "퍼즐을 잘 맞춘 네가 자랑스럽다"라고 칭찬해주고, B그룹의 아이들에게는 "방법이 새롭구나. 노력하는 네가 자랑스럽다"라고 칭찬해주었다. 그다음에는 일부러 맞추기 힘든 퍼즐을 주어 과제를 수행하지 못하게 한 뒤 아이들에게 처음의 쉬운 과제와 두번째의 어려운 과제 중에 어떤 것을 계속할지 선택하라고 했다. 그러자 A그룹의 아이들은 대부분 쉬운 과제를 선택한 반면, B그룹의 아이들은 어려운 과제를 선택하는 경향을 보였다.

이처럼 아이들에게 과정이 아닌 결과에 대해서만 칭찬해주면 어려운 과제는 회피하고 쉬운 과제에만 매달리는 태도가 고정될 위험성이 높아진다. 따라서 칭찬할 때는 아이들이 이미 가진 능력이나 특성, 결과에만 초점을 맞추지 말고 아이들이 보여주는 새로운 시도, 노력, 과정에 더 많은 칭찬을 해줘야 한다.

'심리적 부담 효과'라는 심리학 용어가 있다. 사람은 누구나 대차(貸借) 관계를 균형 있게 유지하려는 성향이 있으며 심리적 부담을 느끼면 상대에게 빚을 갚아야 한다는 감정이 생겨난다. 칭찬을 받은 사람은 칭찬을 해준 사람에게 심리적 부담을 느끼고 그에 상응하는 행동을 하게 된다는 것이다. 그렇기 때문에 칭찬은 성공적인 인간관계를 형성할 수 있는 가장 좋은 방법이다.

『탈무드』에도 "세상에서 가장 사랑받는 사람은 모든 사람을 칭찬하는 사람이요, 가장 행복한 사람은 감사하는 사람이다"라는 말이 있다. 누군가의 사랑을 받고 싶으면 그 사람에게 진심 어린 칭찬을 들려주면 된다. 그러나 우리 사회는 아직까지도 칭찬에 인색한 문화가 만연해 있다. 좀 더 정확히 말하면 칭찬에 익숙하지 않은 문화라고 말할 수 있다. 대다수 사람이 칭찬을 받으면 어색해하고 칭찬하는 데는 너무나 서투르다. 얼마 전 강의중에 교육생들끼리 칭찬 실습을 하게 했는데, 한 여성이 옆자리에 앉은 남성에게 이렇게 말했다.

"얼굴이 참 솔직하게 생기셨네요."

모르긴 해도 그 말은 들은 남성은 적잖이 불쾌했을 것이다.

지금까지 수많은 책과 학자가 칭찬의 중요성을 강조했는데도 왜 이렇게 칭찬에 인색하고 서투른 것일까? 아마도 어릴 때부터 칭찬을 자연스럽게 배우지 못한 것이 가장 큰 이유일 것이다. 칭찬의 중요성을 깨닫고 자녀에게 칭찬을 들려주는 부모는 많아졌지만, 자녀에게 다른 사람들을 칭찬하라고 가르치는 부모는 거의 없는 듯하다. 부모가 알려주지 않으니 아이는 당연히 다른 사람을 칭찬하는 마음이나 방법을 배우지 못하고, 그 결과 성인이 되어서도 칭찬에 서툰 사람이 되는 것이다. 독일 철학자 마르크스 뮐러Marx Müller의 말처럼 "칭찬은 배워야 할 예술이다". 칭찬은 저절로 얻어지는 능력이 아니라 학습을 통해서만 얻을 수 있는 대인 관계 스킬이다.

자녀의 관계 능력을 높여주려면 칭찬할 줄 아는 아이로 키워야 한다. 칭찬도 일종의 버릇이요 성향이기 때문에 어렸을 때부터 가족이나 친구를 칭찬하도록 훈련시켜야 사회인이 되어서도 자연스럽게 다른 사람을 칭찬할 수 있게 된다. 아이에게 칭찬을 가르치려면 이렇게 지도해야 한다.

첫째, 인간관계에서 칭찬이 얼마나 중요한지 알려준다.

둘째, 칭찬하는 방법을 구체적으로 설명해준다.

셋째, 평소에 부모가 칭찬을 많이 하며 모범을 보인다. 아래의 '칭찬 10계명'을 참고해 우리 아이들을 칭찬할 줄 아는 아이로 키워보자.

칭찬 10계명

1. 구체적이고, 공개적이고, 즉각적으로 칭찬하라.
2. 신체적 특징(외모)에 대해 칭찬하라.
3. 복장(머리)에 대해 칭찬하라.
4. 성격(성품)에 대해 칭찬하라.
5. 재능(재주)에 대해 칭찬하라.
6. 행동(태도)에 대해 칭찬하라.
7. 목표(계획)에 대해 칭찬하라.
8. 과정(노력)에 대해 칭찬하라.
9. 결과(성과)에 대해 칭찬하라.
10. 진심을 담아 칭찬하라.

선물할 줄 아는
아이로 키워라

강의와 집필을 하다 보면 이따금 선물을 받게 된다. 어제는 '강남수요독서모임'이라는 동아리에서 무료 강의를 해주었더니 예쁘게 포장된 비타민 한 상자를 선물로 건네받았다. 고가의 물건은 아니지만 그걸 준비한 사람들의 정성이 느껴지는 기분 좋은 선물이었다. 지난달에는 강원대학교 CEO 과정 강의에서 만난 어느 회사 사장에게 백 년 된 칡으로 만들었다는 칡즙을 선물로 받았다. 건강에 관심이 많은 나이가 되다 보니 매우 귀한 선물로 여겨졌다. 이외에도 제주산 유기농 귤, 키위, 가리비 젓갈, 한과, 와인, 오징어, 복분자 등을 비롯해 탈모 방지 샴푸까지 선물로 받아보았다. 베푼 것도 없는데 받는 것은 많으니 참 미안하고 또 고마운 일이 아닐 수 없다.

하지만 지금까지 받은 선물 중에 가장 기억에 남는 것은 인터넷 카페 회원 J양의 아버지에게 받은 선물이다. 어느 날 강의를 마치고 집에 돌아와보니 낯선 이름이 적힌 소포 하나가 도착해 있었다. 궁금한 마음으로 포장을 열어보니 막 캐낸 듯한 고구마가 상자 가득 담겨 있었다. 누굴까? 상자 한구석에 놓인 편지를 집어 들어 읽어보니 J양의 아버지가 직접 농사지은 고구마를 보내온 것이었다.

안녕하세요? J의 아비 되는 사람입니다. 부족한 여식을 잘 보살펴주신다고 전해 들었습니다. 값어치 있는 것은 아니지만 제가 정성으로 기른 고구마를 보내드립니다. 맛있게 드시고 항상 건강하십시오.

편지를 읽으며 딸을 사랑하는 아버지의 마음, 농작물에 대한 농군의 마음이 진솔하게 전해져 마음이 뭉클해졌다. 가끔은 값비싼 명품을 선물로 받기도 했지만 내게 큰 감동을 주었던 선물은 바로 이때 받은 고구마다. 나 또한 연말이 되면 일 년 동안 도움을 받았던 사람들에게 선물을 하는데 되도록이면 정성이 담긴 선물을 고르려 애쓴다. 인간관계에는 열 번의 전화보다 한 번의 만남이 낫고, 열 번의 만남보다 한 번의 선물이 낫기 때문이다.

선물(膳物)이란 '남에게 어떤 물건 따위를 선사함, 또는 그 물건'을 의미한다. 고사성어에도 선물과 관련된 말이 여럿 있다. '경거(瓊琚)'는 '아름다운 옥(玉)'이라는 뜻으로 훌륭한 선물을 이르는 말이며, '작약지증(勺藥之贈)'은 '함박꽃 선물'이라는 뜻으로 남녀간에 향기로운 함박꽃을 보내어 정을 더욱 두텁게 함을 이르는 말이다. '투과

득경(投瓜得瓊)'은 '모과를 선물하고 구슬을 얻는다'는 뜻으로, 사소한 선물에 대해 훌륭한 답례를 받음을 뜻한다.

살다 보면 가장 많이 주고받게 되는 것이 선물이다. 출생, 백일, 돌, 입학, 졸업, 입사, 승진, 퇴사, 개업, 합격, 출간, 수상, 생일, 결혼, 회갑, 칠순, 은혼식, 금혼식, 설, 추석, 어린이날, 성년의 날, 어버이날, 스승의 날은 기본이고, 최근에는 발렌타인데이, 화이트데이, 빼빼로데이, 100일 선물까지 더해 거의 일 년 내내 선물을 주고받는다고 해도 과언이 아니다. 대인 관계에서도 처음 만난 사람, 좋은 관계를 유지하고 싶은 사람, 도움을 준 사람에게는 선물로써 호감과 감사의 마음을 전하게 된다. 이때 정성이 담긴 선물은 감동을 주고 오래도록 마음에 남지만 의례적인 선물은 특별한 느낌을 주지 못한 채 곧 잊히고 만다.

우리 속담에 '선떡 가지고 친정에 간다'라는 말이 있는데 이는 제대로 익지 않은 선떡을 만들어 가지고 친정집에 찾아간다는 뜻으로, 변변찮고 성의 없는 선물을 비유적으로 이르는 말이다. 이런 선물은 받는 사람에게 오히려 실망감이나 불쾌감을 주기 때문에 선물하지 않는 것만도 못한 결과를 초래한다. 선물에는 각별한 관심과 정성이 들어 있어야 그 의미가 빛을 발한다.

'역치(閾値, threshold value)'라는 생물학 용어가 있는데 '외부 자극이 주어졌을 때 신체 반응을 이끌어내는 최소한의 자극 강도'를 말한다. 사람마다 이러한 역치의 수치가 다르다고 한다. 즉 슬픈 영화를 보고 어떤 사람은 눈물을 쏟는데 어떤 사람은 눈물 한 방울 흘리지 않는 것은 두 사람의 역치의 크기가 다르기 때문이다. 선물을 할 때도 역치를 생각해야 한다. 내가 줄 수 있는 것이 아니라 상대방이 원하는 것을 주고, 상대방이 원하는 것보다 훨씬 많이, 훨씬 좋은 것을 줘야한다. 또는 상대방이 미처 기대하지 못한 것을 선물해야 감동을 줄수 있다. 그렇다고 반드시 값비싼 선물이어야 한다는 뜻은 아니다. 내가 고구마를 받았을 때 느낀 것처럼, 주는 사람의 정성을 느낄 수있고 받는 사람에게 특별한 의미를 줄 수 있는 선물이면 충분하다. 미국의 프랭클린 루스벨트 대통령의 부인이자 사회운동가인 엘리너 루스벨트Eleanor Roosevelt는 이런 말을 남겼다.

> 많은 사람이 당신의 인생을 스쳐 지나갑니다. 그러나 진정한 친구들만이 당신의 마음속에 발자국을 남기지요. 스스로를 조절하려면 당신의 머리를 사용해야 하고, 다른 이를 조절하려면 당신의 마음을 사용해야 합니다. 돈을 잃은 자는 많이 잃은 것이고, 친구를 잃은 자는 더 많이 잃은 것이며, 신의를 잃은 자는 모든 것을 잃은 것입니다. 어제는 역사이고, 내일은 미스터리이며, 오늘은 선물입니다.

엘리너 여사가 말하고자 한 원뜻과는 다르겠지만 이 글을 인간관계와 선물의 관점에서 새롭게 해석해보면 이렇게 말할 수도 있겠다. '인생에서 진정한 친구는 많지 않으며 이들과 좋은 관계를 맺으려면 그 사람의 마음을 움직여야 한다. 그러려면 돈보다 친구, 신뢰를 중요하게 생각하며 감동을 줄 수 있는 선물을 건네야 한다.'

인생은 선물이다. 어떤 의미에서 인생은 신 또는 하늘로부터 받은 축복의 선물이고, 또 다른 의미로는 평생 다른 사람과 선물을 주고받는 것이 인생이다. 꼭 물질적인 선물만을 의미하지는 않는다. 때로는 따뜻한 칭찬, 밝은 미소, 사랑하는 사람을 위해 부르는 서툰 노래도 감동적인 선물이 될 수 있다. 그리고 어떤 선물을 주고받느냐에 따라 인생과 사업, 인간관계가 달라진다. 감동적인 선물을 주는 사람과는 평생의 인맥이 될 가능성이 높지만 성의 없는 선물을 주는 사람에게는 반감이 생겨 오히려 등을 지게 될 수 있다.

아들이 중학교 1학년 때 준 선물은 여전히 내 가슴속에 간직되어 있다. 아빠 엄마의 결혼기념일을 며칠 앞두고 아들이 축하 선물로 내민 봉투에는 현금 16만 원이 들어 있었다. 순간 마음이 뭉클했다. 일 년 동안 얼마 안 되는 용돈을 이래저래 아껴 모아 마련한 전 재산을 선물로 선뜻 내놓은 아들의 마음에 감동받은 것이다. 이처럼 대인 관계에서는 선물을 잘하는 것도 중요한 능력이다. 평소에 자녀에게도 다른 사람에게 선물하는 습관을 길러주고, 아울러 감동적인 선물을 고를 수 있는 안목을 길러줘야 한다.

자녀에게 알려줘야 할 선물하는 방법, 사람의 마음을 움직이는 선물을 준비하고 전하는 방법은 무엇일까? 또 어떻게 지도해야 할까?

첫째, 가족, 친구, 선생님, 주변 사람에게 종종 선물을 하도록 권유한다. 비용은 적절한 수준에서 자녀와 함께 분담한다.

둘째, 선물을 고를 때는 받는 사람의 마음을 헤아려 어떤 선물을 받고 싶을지 생각해보도록 조언한다. 정성이 담긴 선물이어야 고맙게 느껴지고 감동을 받게 된다는 것을 알려준다. 초등학생 친구의 생일 파티 때 초대받은 친구 10명 중 9명은 문화상품권을 선물한다. 이렇게 무성의한 선물이 아니라 받는 사람이 무엇을 받으면 기뻐할지 고민하여 선물하는 습관을 길러줘야 한다.

셋째, 선물을 줄 때는 편지나 카드에 축하와 감사의 말을 정성껏 적도록 지도한다.

'물박정후(物薄情厚)'라는 옛말이 있다. '사람을 사귀는 데 선물이나 음식 대접은 다소 박하더라도 정만은 두터워야 한다'는 뜻이다. 하지만 사회생활을 하다 보면 어떤 선물을 주고받느냐에 따라 인간관계의 정이 돈독해지거나 멀어지는 모습을 많이 보게 된다. 자녀에게 선물하는 습관, 그리고 감동적인 선물을 고르는 안목을 길러주자. 선물은 좋은 인맥을 쌓는 '즐거운' 방법이다.

기부할 줄 아는 아이로 키워라

세계적인 소셜네트워크인 '페이스북'의 창립자이자 최연소 억만장자인 마크 주커버그Mark Zuckerberg가 재산의 절반을 자선사업에 기부하기로 공개 약속하는 '기부 서약' 운동에 동참했다. 이 기부 서약 운동은 버크셔해서웨이의 CEO인 워런 버핏과 마이크로소프트사의 명예회장 빌 게이츠가 주도하는 운동으로, 재산을 보다 일찍 사회에 환원하는 공개적인 약속이다. 미국의 대표적인 억만장자 400여 명을 대상으로 설득하고 있으며, 이 약속이 현실화될 경우 6,000억 달러에 달하는 천문학적인 기금이 조성된다고 한다. 현재 시스코 시스템스Cisco Systems의 존 모그리지John Morgridge 전 회장, 록펠러 가문의 데이비드 록펠러David Rockefeller, 영화감독 조지 루카스George Lucas, 오라클Oracle 회장 래리 엘리슨Larry Ellison, 뉴욕 시장 마이클 블룸버그

Michael Bloomberg 등이 재산의 절반 이상을 기부하겠다고 서명했다.

기부에 인색한 우리나라와 달리 서양의 기부는 일상적인 문화요, 상류층이면 당연히 실천해야 할 '노블레스 오블리주(Noblesse Oblige)'로 인식되고 있다. 실제로 빌 게이츠는 지난 10년간 19조 원을 기부했으며 헤지펀드의 대부, 조지 소로스George Soros는 2010년 한 해 동안만 3억 3,200만 달러를 기부해 세계 10대 기부가 리스트에서 1위를 차지했다. 반면 우리나라의 경우는 연말에 반강제적으로 내놓는 성금을 제외하면 재벌 가문이나 기업의 오너, CEO 대부분이 기부에 자발적으로 나서지 않고 있다.

그런 상황에서 가수 김장훈이 10년간 무려 110억 원을 기부했다는 사실은 큰 감동이 아닐 수 없다. 사실 김장훈의 기부에는 3대에 걸친 가르침이 자리 잡고 있다. 김장훈의 어머니인 김성애 목사는 어렸을 때부터 부모에게 '아낌없이 주라'는 교훈을 배웠다고 한다. "자기만을 위해 먹고 싸고 자는 사람은 버러지나 다를 바 없다. 사람은 생각하면서 살아야 한다. 옆집이 굶고 있는데 우리만 배 채우면 안 된다. 내가 입을 수 없는 옷을 남에게 주지 말고, 내가 먹을 수 없을 정도의 음식도 남에게 줘서는 안 된다"라는 가르침을 유년 시절 귓속에 딱지가 생길 정도로 들었다고 한다. 어른이 된 김 목사는 거리의 비행 청소년들을 전도하는 일에 헌신하며 아들 김장훈에게도 나중에 돈을 벌게 되면 동참할 것을 부탁했고, 이러한 할머니, 어머니의 선행을 듣고 보며 자란 김장훈은 자연스럽게 기부 천사가 된 것이다.

사회에서 인간관계를 이야기할 때 빠지지 않고 등장하는 말이 하나 있다. 바로 '기브 앤 테이크(Give & Take)'다. 많은 사람이 인간관계의 본질을 'Give & Take'라고 말하지만 실제로 이를 실천하는 사람은 많지 않다. 대부분 입으로만 말한다. 머릿속으로만 생각할 뿐 몸으로는 실천하지 않으며, 주려고 하기보다는 먼저 받으려고 한다. 이런 태도로는 결과적으로 좋은 관계를 형성할 수 없는데, 이는 어렸을 때부터 베풀고 나누는 습관을 갖지 못한 까닭이다. 즉 부모가 자녀에게 기부하는 버릇을 길러주지 않은 탓이다.

김장훈의 어머니처럼 어릴 때부터 베푸는 삶을 교육시켜야 아이들이 자연스럽게 기부에 익숙해지고 어른이 되어서도 'Give & Take'의 대인 관계를 실천해 좋은 인맥을 형성할 수 있다. 그렇지 못하면 항상 받고 나서야 주는 'Take & Give'의 인간관계 속에서 자기중심적이고 이기적인 삶을 살아가게 된다. 문제는 이런 방식의 삶은 사회적 성공과 행복에도 큰 장애를 초래한다는 것이다. 미국의 석유 재벌이자 대부호였던 존 데이비슨 록펠러는 시카고 대학을 설립하고 록펠러 재단을 세워 병원, 의학 연구소, 교회, 학교 등의 문화 사업에 전념했으며 평생 4억 달러 이상을 사회에 기부했다. 어느 날, 한 기자가 록펠러에게 부자가 될 수 있었던 이유를 묻자 그는 이렇게 대답했다.

내가 어렸을 때 부모님은 일주일에 20센트씩 용돈을 주시면서 이렇게 말씀하셨다. "이 돈은 네가 마음대로 사용할 수 있다. 다만 20센트의 10분의 1은 반드시 십일조, 또는 다른 사람을 돕는 곳에 써야 한다." 이것이 내가 부모님에게 받은 최고의 유산이자 부자가 될 수 있었던 이유다. 부모님은 돈을 가치 있게 쓰는 방법을 내게 알려주셨다.

록펠러의 말처럼 타인을 위해 돈을 가치 있게 쓸 줄 아는 사람은 부자가 될 수 있지만, 자신만을 위해 쓰는 사람은 절대로 좋은 인맥을 형성하지 못하고 사회에서 성공하기 어렵다. 이는 'Give & Take'라는 인간관계의 진리이며 사회생활의 기본 상식이나 마찬가지다. 아울러 'Give & Take'라고 해서 반드시 돌려받을 것을 기대해서는 안 된다. '주는' 데는 기부의 마음이 바탕이 되어야 한다. 인생을 살아가며 인덕(仁德)을 쌓는 것이라 생각하고 '주어야' 한다. 그러다 보면 인덕이 쌓이고, 인덕이 쌓이면 인복(人福)이 생긴다. '조상 덕에 이밥(쌀밥)을 먹는다'라는 옛말이 있다. 조상이 선(善)을 행하고 덕(德)을 쌓으면 자손에게 복이 돌아간다는 뜻이다. 내가 다른 사람에게 베풀면 언젠가는 그것이 다시 내게 돌아오고, 또 내 자손들에게 돌아가는 법이다. 동서양의 명문가를 살펴보더라도 조상이 적선을 베풀고 공덕을 쌓은 결과, 후손에 이르러 번성한 경우가 많다. 부모가 먼저 인덕을 쌓고, 그다음으로는 자녀를 베풀 줄 아는 사람으로 키워야 한다.

그렇다면 나누고 베푸는 삶, 기부는 어떻게 가르쳐야 할까?

첫째, 용돈의 10%는 반드시 친구나 가족, 다른 사람을 위해 쓰게 한다.

둘째, 신문과 방송에서 진행되는 불우이웃 돕기, 재난 구호를 위한
전화 모금이나 행사에 적극 참여하게 한다.

셋째, 연말연시, 명절에는 구세군, 고아원, 양로원 등에 기부하게
한다.

넷째, 거리에서 걸인을 만나면 적선하게 한다.

일본 자동차 회사 혼다Honda의 창업자이며, 동양인 최초로 '미국
자동차 명예의 전당'에 입성한 혼다 소이치로本田宗一郎는 다음과 같은
인맥 관리 원칙을 실천했다. 첫째, 남에게 늘 좋은 인상을 주도록 노
력한다. 둘째, 약속 시간은 무슨 일이 있더라도 지킨다. 셋째, 남에게
돈을 벌 기회를 만들어준다. 인간관계에서 상대방이 돈을 벌 수 있도
록 기회를 만들어줄 수 있다면 누구와도 좋은 인맥을 형성할 수 있겠
지만 이는 쉬운 일이 아니며 누구에게나 통하는 방법도 아니다. 오히
려 매우 특수한 경우에만 가능한 일이다. 반면 내가 먼저 '주는' 것은
누구나 실천할 수 있다. 밥값은 내가 먼저 내고, 기회는 양보하고, 나
눠야 할 것이 생기면 상대방에게 더 많이 주면 된다. 그러면 누구와
도 좋은 관계를 맺을 수 있다. 유대인들은 자녀가 어릴 때부터 기부
할 돈을 모으는 저금통을 별도로 마련해준다고 한다. 좋은 인맥을 형
성하게 하려면 자녀에게 기부하는 품성과 습관을 길러줘야 한다. 앞
서 말한 네 가지 방법을 평소에 꾸준하게 실천해보자.

자기조절 능력을
키워줘라

미국 스탠퍼드 대학의 심리학자, 월터 미셸Walter Mischel 박사의 연구 팀은 1968년부터 1974년까지 4세 아이들 600명을 대상으로 실험을 했다. 먼저 매직미러가 설치된 방에 아이들을 각각 혼자 있게 한 뒤 탁자 위에 놓인 마시멜로 한 개와 작은 종을 가리키며 다음과 같은 제안을 했다. "내가 지금부터 15분 정도 밖에 나갔다 올 동안 탁자 위에 있는 마시멜로를 먹지 않고 기다리면 돌아와서 마시멜로를 하나 더 줄 거야. 그러면 너는 마시멜로 두 개를 먹을 수 있어. 만약 바로 먹고 싶을 때는 탁자 위의 종을 흔든 다음 마시멜로를 먹으면 돼."

실험에 참가한 아이들 중 30%는 15분을 참고 기다렸지만 나머지 70%는 기다리지 못하고 마시멜로를 먹어치웠다. 15년의 세월이 흐른 뒤 미셸 박사 연구 팀은 이전에 실험에 참가했던 아이들을 대상으로 인터뷰를 했다. 그 결과, 15분을 참고 기다렸던 아이들(A그룹)은 마시멜로를 먹어치운 아이들(B그룹)에 비해 스트레스에 대처하는 능력이 뛰어났으며 어려움을 잘 극복하고 강한 자신감을 지니고 있었다. 또한 A그룹의 아이들은 불안, 분노 등의 감정을 슬기롭게 조절하며 원만한 대인 관계를 맺고 있었지만, B그룹의 아이들은 쉽게 화를 내거나 좌절감에 빠져 사소한 일에도 자주 싸움에 휘말리곤 했다. 특히 학업 성취에서 큰 차이를 나타냈다. A그룹은 미국 수학능력시험 SAT의 언어와 수학 영역에서 B그룹에 비해 210점이나 더 높은 점수를 받았다.

이렇듯 마시멜로 실험을 통해 '만족 지연 능력' 또는 '자기조절 능력'의 중요성이 입증되었는데, 보스턴 대학의 40년 연구 조사에서 밝혀진 성공의 세 가지 요인 중 하나가 '감정 조절 능력'이었다는 사실 또한 마시멜로 실험과 일맥상통하는 결과라 할 수 있다.

한편 미셸 박사는 또 다른 마시멜로 실험도 병행했다. A그룹에게는 마시멜로를 '뭉게구름'이라 생각하게 지시하고, B그룹에게는 마시멜로가 음식으로서 어떤 특성이 있는지 생각해보게 했다. 그 결과, A그룹 아이들은 13분 남짓 참고 기다린 반면, B그룹 아이들은 5분 정도 지나면서부터 마시멜로를 먹기 시작했다. 아이들의 행동을 관찰한 결과, A그룹에 속한 아이들은 노래를 부르거나 방 안에 있는 다른 물건으로 관심을 돌리면서 마시멜로를 먹고 싶은 유혹에서 벗어나려 애쓰는 모습을 나타냈다. 하지만 B그룹 아이들은 실험 시간 동안 마시멜로만 쳐다보면서 그것을 먹는 생각에만 열중했다. 미셸 박사는 이렇게 사물을 다르게 인지하는 사고법에 의해 '만족 지연 능력'이나 '자기조절 능력'에 차이가 발생한다고 설명했다.

자기조절 능력이란 스스로 장기적인 목표와 계획을 세우고 이를 달성하기 위해 불필요하고 바람직하지 않은 욕구, 감정, 행동을 조절해가는 능력이다. 마시멜로 실험에서 알 수 있듯, 자기조절 능력의 차이는 건강과 학업 성취, 그리고 대인 관계에 큰 영향을 미친다. 성공적인 인간관계를 이루기 위해서는 자신보다 타인의 욕구를 먼저 배려하고, 비난이나 비판을 받았을 경우 생겨나는 분노를 슬기롭게 조절하며, 다른 사람에게 질투나 불안감, 혐오감을 주는 행동을 절제할 수 있어야 한다.

최근까지의 연구 결과에 따르면, 자기조절 능력은 뇌의 전전두엽 부분과 연관이 있으며, 보통 2~3세부터 발달하기 시작해 청소년기까지 계속 발달한다. 그리고 마시멜로 실험 결과처럼 어릴 때부터 자기조절을 잘하는 아이가 성인이 되어서도 자기조절 능력이 뛰어난 것으로 알려져 있다. 영남대 유아교육과 박인전 교수 등이 초등학교 5년생 212명을 대상으로 진행한 연구 결과에 따르면, 자기조절 능력이 높은 아동이 대체로 친구 관계도 좋은 것으로 나타났다. 자신을 조절하는 능력이 있으면 친구와의 다툼이나 괴롭힘 등과 같은 상황을 보다 줄일 수 있어 갈등을 덜 경험하게 된다는 것이다.

어릴 때 자기조절 능력이 부족하면 충동을 억제하지 못하고 부정적인 행동에 빠져들기 쉬우며 자기중심적이고 이기적인 행동을 자주 해서 또래 관계에 문제가 생겨난다. 학교에서 왕따 문제가 자주 발생하는 것도 아이들의 자기조절 능력이 부족하기 때문이다. 스스로에 대한 과시욕을 절제하지 못해 계속 잘난 척하거나 친구 의견을 무시하고, 대화나 토론중에 화를 억제하지 못하고 공격적인 행동을 하거나 억지를 쓰는 아이들은 친구들 사이에서 따돌림을 당하기 쉽다. 아이들이 컴퓨터게임에 중독되거나 기분 나쁜 일이 일어났을 때 부정적인 감정에서 쉽게 벗어나지 못하는 것도 자기조절 능력이 모자라기 때문이다. 자녀가 사회생활을 성공적으로 꾸려가고 원만한 대인 관계를 맺게 하려면 어려서부터 자기조절 능력을 키워줘야 한다.

그렇다면 어떻게 해야 자기조절 능력을 기를 수 있을까?

참을성을 길러줘라

아이들은 먹고 싶은 것, 갖고 싶은 것, 하고 싶은 것이 많게 마련이다. 아이들이 뭔가를 바랄 때는 무조건, 즉각적으로 들어주지 말고 일정한 기간 또는 일정한 목표를 정해놓은 다음에 들어줘야 한다. 예를 들어 장난감이나 휴대폰을 사달라고 할 경우 학업 성적이 향상되면 사주겠다고 말하거나, 크리스마스 선물로 사주겠다고 말하면 된다. 그렇게 해서 정해놓은 기간이나 목표에 이르기까지 욕구를 절제하는 훈련을 시키는 것이다. 요즘 아이들은 공주병, 왕자병이 많다고 하는데, 이는 어릴 때 부모가 그때그때 원하는 것을 모두 들어주어 자녀 스스로 자기조절 능력을 기를 기회를 갖지 못한 탓이다.

장기적인 목표에 집중하게 하라

마라톤 선수들은 42.195킬로미터를 달리는 동안 '차라리 자동차 사고라도 났으면 좋겠다'라는 생각이 들 만큼 육체적인 한계를 느끼지만 결승점에 도착하는 순간의 기쁨과 만족감을 상상하며 포기하고 싶은 마음을 이겨낸다고 한다. 이처럼 '만족 지연 능력'은 더 큰 장기적 목표를 위해 현재의 욕구, 감정, 행동을 절제하는 능력을 말한다. 이런 단기적 욕구를 참아내는 조절 능력은 이루고자 하는 장기적 목표가 명확할 때만 강화된다. 컴퓨터게임에 빠진 아이는 자신의 꿈과 진로에 대한 구체적인 목표가 정립되어야만 스스로 컴퓨터게임을 중단하기 위해 노력하게 된다. 장기적인 목표를 설정하기 어려운 경우에는 마시멜로 실험에서처럼 추가적인 선물이나 혜택을 제시하는 것도 좋은 방법이다. 가령 컴퓨터게임 시간을 줄이거나 전혀 게임을 하지 않을 경우, 아이가 원하는 선물 또는 용돈을 상금으로 주는 것이다.

함께 등산을 다녀라

등산은 인내심을 기르는 최고의 방법이다. 오르막과 내리막, 능선을 따라 험한 산을 올라가다 보면 아이들에게는 포기하고 싶은 순간이 몇 번씩 찾아오게 된다. 그때마다 부모의 격려와 설득에 힘입어 다시 도전하고, 마침내 까마득하게만 보이던 정상에 오르면 아이의 자신감과 자기조절 능력은 크게 향상된다. 한 달에 한 번쯤은 자녀와 함께 등산을 하며 참을성을 길러주자. 인생과 성공에는 반드시 오르막과 내리막이 있다는 사실을, 원하는 목표에 도달하기 위해서는 그 과정에서 만나는 여러 가지 유혹과 고통, 부정적인 감정을 이겨내야 한다는 사실을 깨닫게 하자.

자기조절 능력은 단순한 참을성이라기보다는 장기적인 큰 목표에 이르기 위해 단기적이고 작은 욕구, 감정, 행동을 절제하는 것이다. 자녀에게 스스로 조절하지 못하는 충동적인 말과 행동이 얼마나 나타나는지 주의 깊게 관찰해보고 자기조절 능력을 키워주도록 노력하자.

자녀를 위한 인맥 쌓기 10 계명

1 / **사람이 가장 소중하다는 사실을 일깨워라**

좋은 인맥을 만들려면 올바른 가치관을 가져야 한다. 인맥은 성공이나 행복을 결정짓는 핵심 요소이며, 사람의 운명은 평생 만나는 사람에 따라 달라진다는 사실을 알려줘라.

2 / **강한 자신감을 심어줘라**

성공적인 인간관계를 이루려면 스스로에 대한 자긍심과 자신감이 중요하다. 넘치는 애정 표현과 스킨십, 자주 들려주는 칭찬이 자녀를 자신감 있는 아이로 만든다.

3 / **아빠는 인맥 교육의 멘토가 되어라**

아빠는 인맥 교육의 스승이 되어야 한다. 인생을 살아오며 직장과 사회생활에서 알게 된 인간관계의 원칙과 방법을 틈틈이 자녀에게 알려줘라.

4 / **엄마의 인맥이 자녀의 인맥이다**

아이가 어릴 때는 엄마가 누구를 만나느냐에 따라 자녀의 인맥이 결정된다. 학교나 동네에서 그리고 취미 활동 등을 통해 다양한 분야의 사람들과 인맥을 형성하라.

5 / **많은 친구를 사귈 기회를 제공하고 집으로 초대하라**

자녀의 사회성을 향상시키려면 다양한 사람들을 만날 기회를 많이 만들어줘야 한다. 학교, 동네, 모임, 단체 활동 등을 통해 많은 친구를 사귈 수 있게 기회를 제공하고, 집으로도 초대해 함께 어울리게 하라.

6 / **인사 잘하는 아이로 키워라**

인사를 잘하는 사람은 누구에게나 환영받고 원만한 인간관계를 맺기 쉽다. 가족, 친구, 동네 어른 등 만나는 사람에게 반드시 인사하도록 가르쳐라.

7 / **경청하는 습관을 길러줘라**

사람은 누구나 자신의 이야기에 관심을 가져주는 사람을 좋아한다. 평소 아이와 자주 대화하고, 대화할 때는 상대방의 이야기를 경청하는 습관을 길러줘라.

8 / **다른 사람의 생각과 감정을 헤아리게 하라**

사람은 누구나 이해받고 싶어하며 자신을 잘 이해해주는 사람을 좋아한다. 다른 사람의 생각과 감정, 입장을 헤아려 공감하는 태도가 몸에 배게 하라.

9 / **자신의 것을 나누고 배려하게 하라**

인간관계의 기본은 'Give & Take'다. 받으려고 하기보다는 먼저 더 많이 베푸는 사람이 될 수 있도록 평소에 양보, 기부, 배려를 실천하게 하라.

10 / **겸손한 마음을 갖게 하라**

겸손한 사람은 어디서나 환영받으며 인간관계에서 갈등이나 적을 만들지 않는다. 다른 사람을 무시하거나 자만심에 빠지지 않도록 겸손한 성품을 길러줘라.

Chapter 4

자녀의 관계 능력,
300% 높이는 법

자녀가 어릴 때부터 책상머리, 밥상머리, 침대머리 교육이 이뤄지면 그 자체로 긍정적인
애착 경험이 되며, 부모의 관심과 사랑을 통해 자녀의 사회적 뇌의 발달이 촉진된다. 또한
자존감과 자신감이 높아지면서 적극적으로 대인 관계에 임하게 되고 사회성이 점점 향상
된다. 그 뒤에 자연스럽게 결실로 뒤따라오는 것이 바로 좋은 인맥, 성공적인 인간관계다.
자녀들과 자주 시간을 보내고, 함께 대화하며, 친밀한 스킨십을 나누고, 많은 사랑을 주어
라. 그것이 최고의 인맥 교육이다.

가슴을 울리는 글귀로 가르쳐라
— 명언, 속담 활용법

몇 년 전 『지금 알고 있는 것을 그때의 내가 알았더라면』이라는 책을 읽은 적이 있다. 성공한 여성 30인이 젊은 날의 자신에게 보내는 편지를 책으로 옮긴 것이다. 한 번밖에 살지 못하는 인생인데 누군들 아쉽지 않은 과거가 있으랴! 지금 알고 있는 것을 그때도 알았다면 더욱 현명하고 성공적인 인생이 되었으리라는 아쉬움은 인지상정일 것이다. 그들의 편지 내용을 읽다 보니 다음과 같은 글귀가 특히 마음에 와 닿았다.

- 성공한 배우 캠린이 교수들의 편견에 괴로워하는 뉴욕 대학 시절의 캠린에게… "열심히 일하고, 열심히 놀고, 열심히 성취하고, 열심히 사랑해. 결과가 아니라 그 과정을 즐기렴."

– 캐린 만하임(배우)

- 상원의원 바버라가 이제 막 정계에 진출하려는 서른두 살의 바버라에게… "마음을 열고 다른 사람의 소리를 들어보렴. 다른 사람들도 너처럼 저마다의 소신이 있단다."

  – 바버라 복서(미국 캘리포니아 주 상원의원)

- 스물아홉 살의 섀넌이 목표를 잃고 방황하는 20대 초반의 섀넌에게… "사람들의 기대에 너무 신경 쓰지 마. 실수를 통해서도 인생을 배울 수 있단다." – 섀넌 밀러(올림픽 체조 선수)

- 서른다섯 살의 피카보가 이제 막 금메달을 딴 스물일곱 살의 피카보에게… "스스로 만족하는 법을 배우렴. 네가 이룬 것들을 즐기는 것도 중요하단다." – 피카보 스트리트(올림픽 스키 선수)

- 마흔아홉 살의 바나가 돈을 위해 하기 싫은 일을 하던 스물네 살의 바나에게… "돈보다 중요한 건 네 마음을 지키는 일이야."

  – 바나 화이트(TV 프로그램〈휠 오브 포춘〉 진행자)

생각해보면 나 또한 아쉬움으로 가득한 세월을 살아왔다. 하지만 이미 흘러간 시간을 돌이킬 수는 없으니 그보다는 차라리 '지금 내가 모르고 있는 것은 무엇일까?'를 고민해야 할 것이다. 앞으로 5년, 10년의 시간이 흐른 뒤에도 똑같은 후회를 반복하지 않도록 지금 내가 알아야만 좋을 일을 생각해보는 것이다. 책을 읽은 뒤 '지금 내가 모르고 있는 것은 무엇일까?', '지금 내가 놓치고 있는 것은 무엇일까?'를 고민해보는데 문득 이런 생각이 떠올랐다.

'지금 내가 알고 있는 것을 내 아이들에게 알려줄 수 있다면!'

이따금 부모 노릇에 대해 생각해본다. 부모로서 짊어져야 할 책임은 무엇이고 어떤 역할을 해야 하는 것일까? 아마 부모 노릇에도 수만 가지가 있겠지만 가장 놓치기 쉬운 것 중 하나는 '부모가 알고 있는 것을 아이들에게 들려주는 일'이 아닐까 싶다. 부모가 인생을 살아오며 겪고 느낀 경험, 성공과 행복, 사랑과 우정, 돈과 직업, 사회와 인간관계에 대해 들려줌으로써 아이들이 조금이나마 시행착오를 줄여가면서 인생을 슬기롭게 살 수 있도록 도와주는 일. 이런 생각을 떠올린 뒤로 나는 딸과 아들, 조카들에게 매일 아침 마음에 새길 만한 명언들을 문자메시지로 보내기 시작했다.

- 아무것도 시도할 용기가 없다면 인생이란 도대체 무엇이겠는가? -빈센트 반 고흐(화가)
- 꿈꿀 수 있다면 이룰 수도 있다. -월트 디즈니(만화영화 제작자)
- 성공이란 나이가 들수록 가족과 주변 사람들이 점점 더 나를 좋아하는 것이다. -짐 콜린스(미국 기업 연구가)
- 행복은 입맞춤과 같다. 행복을 얻기 위해서는 누군가에게 행복을 주어야만 한다. -시어도어 루빈(미국 정신분석학자)
- 슬픈 일이 닥칠 때마다 사람들은 "오, 하필이면 이런 일이 나에게 일어나는 것일까?"라고 말하지만 기쁜 일이 일어났을 때도 같은 질문을 하지 않는 한 그런 말을 할 자격이 없다. -작자 미상

4년 넘게 매일 아침 문자를 보내다시피 했으니 대략 1,000개 남짓한 명언을 발송한 것 같다. 때로는 아이들에게 어떤 명언이 마음에 드는지, 어떤 생각이 들었는지 물으며 대화의 기회로 삼기도 했다. 그리고 올해부터는 명언 보내는 것은 이 정도면 충분하다고 판단되어, 이제는 아이들이 내게 직접 명언을 보내보도록 권유했다. 아쉽게도 딸은 제안을 받아들이지 않아 보류했고, 다행히 중학생 아들이 동의해 최근에는 아들이 보내는 문자 명언을 매일 아침 받아보고 있다. 오늘 아침에는 "내가 아직 살아 있는 동안에는 나로 하여금 헛되이 살지 않게 하라"라는 미국 시인이자 사상가, 랠프 월도 에머슨Ralph Waldo Emerson의 명언을 받았다.

지난 4년 동안 내가 발송해준 문자 명언을 통해서도 좋은 영향을 받았을 것이라 기대하지만 앞으로는 아들이 직접 명언을 고르고 발송하는 과정을 통해 더 많은 배움과 깨달음을 얻게 되리라 확신한다.

내 경험에 비추어 보건대, 인맥의 중요성을 깨달아 올바른 성품을 기르고 대인 관계에 필요한 적절한 역량을 키워주는 자녀 교육의 첫 걸음으로 명언 문자 보내기를 적극 추천하고 싶다. 우리 사회에서는 아버지가 자녀들과 대화를 나눌 시간도 많지 않을뿐더러 어쩌다 그런 시간이 주어진다 해도 교육적인 내용으로 대화한다는 것은 생각처럼 쉽지 않다. 엄마는 엄마대로 자녀 교육의 대부분을 책임지고 있다 보니 학교 공부와 성적에 관심을 기울이는 것만으로도 바쁘고, 그러다 보면 올바른 인성 교육이나 대인 관계 역량을 지도하는 일에는 소홀해질 수밖에 없다.

하지만 너무 걱정할 것 없다. 이제부터라도 매일 아침 자녀들에게 뜻 깊은 명언을 문자로 보내주면 된다. 명언은 오랜 세월에 걸쳐 응축된 위인들의 삶의 지혜요, 경험이요, 정보다. 좋은 명언 한 구절은 한 권의 책 못지않으며 때로는 새로운 안목을 일깨워주고 삶의 이정표를 세워주기도 한다. 처음에는 인간관계의 중요성을 일깨워주는 명언을 보내주고, 그다음으로는 올바른 품성을 길러줄 수 있는 명언, 마지막으로는 적절한 대인 관계의 방법을 알려주는 명언을 보내자. 하루 문자 한 통에 20원이니 일 년 내내 매일 보내도 7,000원 정도면 충분하다. 1만 원도 안 되는 돈으로 큰 효과를 거둘 수 있는 자녀 교육법으로 '명언 문자 보내기'만 한 게 있을까 싶다. 다음은 내가 그동안 아이들에게 보냈던 문자 명언을 주제어별로 모아본 것이다.

1. 인맥, 인간관계

- 젊었을 때는 돈을 빌려서라도 좋은 인맥을 만들어야 한다. 물은 어떤 그릇에 담느냐에 따라 모양이 달라지지만 사람은 어떤 친구를 사귀느냐에 따라 운명이 달라진다. –히구치 고타로(일본 아사히맥주 회장)

- 실력과 재능으로 사업에서 성공하는 것은 전투에서 승리하는 것이지만, 신뢰와 진실된 마음의 휴먼네트워크를 구축하는 것은 전쟁에서 승리하는 것이다. –이병철(삼성 그룹 전 회장)

- 삼류는 자기 능력을 쓰고, 이류는 타인의 힘을 부려먹고, 일류는 타인의 능력을 활용한다. –한비자(중국 법가 사상가)

- 나는 당신이 할 수 없는 일을 할 수 있고, 당신은 내가 할 수 없는 일을 할 수 있다. 따라서 우리는 함께 큰일을 할 수 있다.
  - 테레사 수녀

- 내가 이 세상에 태어났음으로 인해 단 한 사람의 인생이라도 행복하게 만드는 것, 그것이 바로 성공이다. - 랠프 월도 에머슨(미국 사상가)

- 세상을 보는 데는 두 가지 방법이 있다. 한 가지는 모든 만남을 우연으로 보는 것이고, 다른 한 가지는 기적으로 보는 것이다.
  - 아인슈타인(독일 과학자)

- 좋은 사람을 만나는 것은 신이 주는 축복이다. 그 사람과의 관계를 지속시키지 못하는 것은 축복을 저버리는 것과 같다.
  - 데이비드 패커드(휴렛패커드 창립자)

- 소재(小才)는 연을 만나도 인연인 줄 모르고, 중재(中才)는 연을 만나도 연을 살리지 못하고, 대재(大才)는 옷깃을 스치는 인연까지도 살린다. - 일본 명문가, 야규 가문의 가훈

- 인간은 저마다 신의 아들이므로 모든 인간이 중요하다는 사실을 잊지 않는다면 자연스럽게 좋은 대인 관계를 유지할 수 있다. - 헨리 카이저(미국 기업가)

- 위인을 만났을 땐 너의 좋은 인상을 남기고, 소인을 만났을 땐 그 사람의 좋은 인상만 남겨라. - 새뮤얼 테일러 콜리지(영국 시인, 비평가)

- 인간이 추구해야 할 것은 돈이 아니다. 인간이 추구해야 할 것은 언제나 사람이다. - 푸슈킨(러시아 시인)

- 누군가에게 깊이 사랑을 받으면 힘이 생기고, 누군가를 깊이 사

랑하면 용기가 생긴다. -노자(중국 사상가)

- 인간에 대한 가장 나쁜 죄는 미워하는 것이 아니라 무관심이다.
  -버나드 쇼(영국 소설가)

- 수평적 야망은 돈과 권력을 추구하는 전통적이고 수직적인 의미의 야망이 아니라, 다양한 인간관계와 경험을 통해 풍부한 삶을 만드는 데 몰두하는 야망을 말한다. -페이스 팝콘(미국 마케팅 전문가)

- 사람의 가치는 타인과의 관계로만 측정할 수 있다.
  -니체(독일 철학자)

- 빨리 가려거든 혼자 가라. 멀리 가려거든 함께 가라. 빨리 가려거든 직선으로 가라. 멀리 가려거든 곡선으로 가라. 외나무가 되려거든 혼자 서라. 푸른 숲이 되려거든 함께 서라. -아프리카 속담

2. 우정, 사랑

- 우리 인생을 축복으로 만들기 위해 요구되는 것 중 가장 위대한 것은 바로 좋은 우정을 얻는 일이다. -에피쿠로스(고대 그리스 철학자)

- 성공에는 세 가지가 필요하다. 그것은 바로 '믿음', '미래', '친구'이다. -프랭클린 루스벨트(미국 32대 대통령)

- 아버지는 보물이요, 형제는 위안이다. 그러나 친구는 보물이자 위안이다. -벤저민 프랭클린(미국 정치가)

- 새에겐 둥지가 있고 거미에겐 거미줄이 있듯, 사람에겐 우정이 있다. -윌리엄 블레이크(영국 화가, 시인)

- 친구를 갖는다는 것은 또 하나의 인생을 갖는 것이다.

-그라시안(스페인 작가)

- 친구는 나의 기쁨을 배로 하고 슬픔을 반으로 한다.
  -키케로(고대 로마 철학자)
- 한 명의 진실한 친구는 천 명의 적이 우리를 불행하게 만드는 것 이상으로 우리를 행복하게 만든다. -에센 바흐(독일 시인)
- 현명한 친구는 사람을 현명하게 만들지만 어리석은 친구는 사람을 어리석게 만든다. -『탈무드』
- 필요하지 않을 때 우정을 맺어라. -미국 속담
- 친구란 내 슬픔을 등에 지고 가는 자 -인디언 속담
- 천 명의 친구, 그것은 적다. 단 한 명의 원수, 그것은 많다.
  -터키 속담
- 한 사람의 오랜 친구가 열 사람의 새로운 친구보다 낫다.
  -『탈무드』
- 좋은 친구가 생기기를 기다리는 것보다 스스로가 누군가의 친구가 되었을 때 행복하다. -버트런드 러셀(영국 수학자, 철학자)
- 오래 찾아야 하고, 잘 발견되지 않으며, 유지하기도 힘든 것이 친구이다. -프리드리히 실러(독일 작가, 문학이론가)
- 다정한 벗을 찾기 위해서라면 천 리 길도 멀지 않다.
  -톨스토이(러시아 작가)
- 한 친구를 얻는 데는 오래 걸리지만, 잃는 것은 잠깐이다.
  -존 릴리(미국 의사, 정신분석학자)
- 친구를 고르는 데는 천천히, 친구를 바꾸는 데는 더욱더 천천

히. ─벤저민 프랭클린(미국 정치가)

- 친구를 찾을 때는 한 계단 올라서서 찾아라. ─『탈무드』
- 사람은 친구와 한 숟가락의 소금을 나누어 먹었을 때 비로소 그 친구를 알 수 있다. ─세르반테스(스페인 작가)
- 번영은 친구를 만들고, 역경은 친구를 시험한다.

  ─푸블릴리우스 시루스(로마 시인)
- 풍요로울 때는 벗이 우리를 알아보고, 역경에 처했을 때는 우리가 벗들을 알아본다. ─짐 콜린스(미국 기업 연구가)
- 친구를 책망할 때는 은밀하게 하고 칭찬할 때는 공개적으로 하라. ─푸블릴리우스 시루스(로마 시인)
- 만약 나의 벗이 애꾸눈이라면 나는 벗을 옆에서 바라보겠다.

  ─슈베르트(오스트리아 작곡가)
- 친구의 잔치에는 천천히 가되 불행에는 황급히 가라. ─실론
- 면전에서 비판할 수 있는 친구를 가진 선비는 절대 명성을 잃지 않는다. ─중국 속담
- 친구에게 돈을 빌려주지 않는 자는 친구를 잃지 않는다. ─『탈무드』
- 친구 하나도 만족시키지 못하는 사람이 이 세상에서 성공한다는 것은 절대 있을 수 없는 일이다. ─헨리 데이비드 소로(미국 철학자, 문학자)
- 우리들 생애의 마지막 저녁에 이르면 다른 사람들을 얼마나 사랑했는가를 놓고 심판받을 것이다. ─알베르 카뮈(프랑스 작가)
- 사랑이란 서로 마주 보는 것이 아니라 함께 같은 방향을 바라보는 것이다. ─생텍쥐페리(프랑스 작가)

- 사랑받고 싶다면, 다른 사람을 사랑하고 사랑스럽게 행동하라.

  – 벤저민 프랭클린(미국 정치가)

- 사람을 사랑하되 그가 나를 사랑하지 않거든, 나의 사랑에 부족함이 없는지 살펴보라. – 맹자(중국 유교 사상가)

- 사랑에는 두 가지 핵심적인 의무가 있다. 하나는 주는 것이고, 또 하나는 용서하는 것이다. – 존 보이스(아일랜드 소설가, 설교가)

- 오만한 가슴에는 사랑이 싹트지 않는다. – 셰익스피어(영국 극작가)

- 누군가에게 사랑한다는 말을 하고 싶다면 내일로 미루지 마라.

  – 레오 버스카글리아(미국 교육학자)

- 자기 스스로를 좋아하는 사람은 이미 이 세상에 있는 행복의 반을 얻은 것과 같다. 나머지 반은 주위에 있는 모든 것을 사랑하면 된다. – 인드라 초한(인도 명상가)

- 한 사람도 사랑해보지 않았던 사람이 인류를 사랑하기란 불가능하다. – H. 입센(노르웨이 극작가)

- 사랑은 끝없는 용서의 행위이며 부드러운 시선을 건네는 것이며 그것은 습관이 되어야 한다. – 피터 유스티노브(영국 배우)

- 여러 사람을 좋아하고 아무도 미워하지 않으며 몇몇 사람을 끔찍이 사랑하며 살고 싶다. – 피천득(수필가)

- 이별이 두려워 사랑하지 못하는 자는 죽음이 두려워 숨 쉬지 못하는 자와 같다. – 인디언 속담

- 서로 사랑하라. 하지만 서로 묶는 사슬이 되지 마라. 서로 잔을 채워주어라. 하지만 어느 한 편의 잔만 마시지 마라. 너무 가까

이 서 있지 마라. 참나무, 떡갈나무도 서로의 그늘 속에서 자랄 수 없다. -칼릴 지브란(레바논 철학자, 시인)

- 행복의 조건은 '어떤 일을 할 것', '어떤 사람을 사랑할 것', '어떤 희망을 가질 것'이다. -칸트(독일 철학자)
- 진정한 행복은 많은 친구 가운데 있는 것이 아니라 가치 있고 선택된 몇몇 친구와 함께 있는 것이다. -벤 존슨(영국 극작가, 평론가)
- 진실된 우정이란 느리게 자라나는 나무와 같다.

  -조지 워싱턴(미국 초대 대통령)

- 자기를 좋아하는 사람도, 필요로 하는 사람도 없다고 느낄 때 오는 고독감은 가난 중의 가난이다. -테레사 수녀
- 사랑은 우리를 행복하게 해주기 위해 존재하는 것이 아니다. 우리가 고뇌와 인고 속에서 얼마나 강해질 수 있는지를 보여주기 위해 존재한다. -헤르만 헤세(독일 소설가, 시인)

3. 대화, 칭찬, 비난, 감사, 미소, 유머

- 말 잘하는 재능을 갖지 못했다면 침묵을 지킬 줄 아는 자각이라도 있어야 한다. 만약 두 가지를 다 갖지 못했다면 그는 불행한 사람이다. -라브뤼예르(프랑스 작가)
- 말하는 것은 지식의 영역이고, 듣는 것은 지혜의 특권이다.

  -올리버 웬들 홈스(미국 의학자, 시인)

- 내 귀가 나를 가르쳤다. -칭기즈칸(몽골 제국 건국자)
- 칭찬은 아낄수록 손해 본다. -프랑스 속담

- 다른 사람에게 칭찬을 듣고 싶다면 자신의 칭찬을 늘어놓지 마라. -파스칼(프랑스 수학자, 철학자)

- 남도 그대만큼 할 수 있는 일이라면 하지 마라. 남도 그대만큼 할 수 있는 말이라면 말하지 마라. -앙드레 지드(프랑스 작가)

- 침묵하지 못할 바에는 침묵보다 더 나은 말을 하라. -아랍 속담

- 알고 있으면서도 말하지 않는 것은 하늘의 경지에 들어가는 최상의 길이다. -장자(중국 도가 사상가)

- 친구를 비판하려는데 마음이 아프지 않다면 입을 다물어라. -아랍 속담

- 그가 없을 때 칭찬하고 그를 대할 때 존경하며 그가 괴로울 때 도와줘라. -한비자(중국 법가 사상가)

- 남에게 해주는 좋은 말은 베와 비단보다 따뜻하고, 남을 상처 입히는 말은 창으로 찌르는 것보다 깊다. -순자(중국 사상가)

- 함부로 내뱉은 말은 상대방의 가슴속에 수십 년 동안 화살처럼 꽂혀 있다. -롱펠로(미국 시인)

- 한 시간의 인내는 십 년의 안락이다. -그리스 속담

- 분노하며 원한을 품는 것은 내가 독을 마시고 남이 죽기를 바라는 것이다. -맥코트(미국 작가)

- 차가운 차와 찬밥은 참을 수 있으나 차가운 말은 도저히 참을 수 없다. -중국 속담

- 논쟁을 하면서 분노를 느낀다면 진리가 아니라 자기 자신을 위해 논쟁하기 때문이다. -칼라일(영국 비평가, 역사가)

- 그대에게 잘못이 없다면 화를 낼 이유가 없다. 만일 그대가 잘 못을 했다면 화를 낼 자격이 없다. -간디(인도 민족운동 지도자)

- 논쟁에 귀 기울여라. 그러나 논쟁에 가담하지는 마라.

  -고골(러시아 작가)

- 나는 다른 사람의 행동을 비웃거나 탄식하거나 싫어하지 않았 다. 오로지 이해하려고만 했다. -스피노자(네덜란드 철학자)

- 논쟁은 사람을 설득하는 가장 불리한 방법이다. 사람들의 의견 은 못과 같아서 때릴수록 깊이 들어가버린다.

  -유베날리우스(고대 로마 시인)

- 당신을 비난하는 사람 앞에서도 의연한 태도를 지켜라. 화를 냄 으로써 상대방이 만들어놓은 수렁에 빠지지 마라.

  -아우렐리우스(로마 정치가)

- 교양이란 화를 내지 않으면서도 자신의 신념을 잃지 않은 채 어 떤 이야기라도 들을 수 있는 능력을 말한다. -로버트 프로스트(미국 시인)

- 의사소통에서 가장 중요한 것은 상대방이 말하지 않은 소리를 듣는 것이다. -피터 드러커(미국 경영학자)

- 부모들이 우리의 어린 시절을 아름답게 꾸며주셨으니 우리가 그들의 말년을 행복하게 꾸며드려야 한다. -생텍쥐페리(프랑스 소설가)

- 당나귀는 긴 귀로 구별할 수 있고, 어리석은 자는 긴 혀로 구별 할 수 있다. -「탈무드」

- 말을 많이 하게 되면 후회가 늘고 말을 많이 듣게 되면 지혜가 는다. -영국 속담

4. 베풂

- 신은 우리에게 두 손을 주었다. 하나는 받기 위함이고 다른 하나는 주기 위함이다. -빌리 그레이엄(미국 목사)

- 베풀 줄 모르는 사람은 타인이 베풀어주는 배려를 받을 자격이 없다. -영국 속담

- 인생살이를 덜 힘들게 만들려 서로 애쓰지 않는다면 우리는 무엇 때문에 사는가. -조지 엘리엇(영국 소설가)

- 도와달라는 말을 듣고 도와주는 것도 좋은 일이지만 도움을 청하기 전에 미리 알아서 도와주는 것은 더욱 좋은 일이다.

  -칼릴 지브란(레바논 철학자, 시인)

- 선행의 대가는 선행을 하려는 노력 그 자체에 있다.

  -키케로(고대 로마 철학자)

- 삶이 줄 수 있는 가장 아름다운 보상은 다른 이를 성심껏 도울 때 자기 자신의 삶 또한 나아지게 된다는 것이다.

  -랠프 월도 에머슨(미국 사상가)

- 다른 사람을 위해 살라. 그러면 그들과 친구가 되고 그들의 행복이 곧 자신의 행복이 된다. -쇼펜하우어(독일 철학자)

- 인생은 짧다. 그러므로 어서 서둘러 당신과 함께하는 이들의 마음을 기쁘게 하도록 노력하라. -아미엘(스위스 문학자, 철학자)

- 편안함에 길들지 마라. 가진 자는 나누는 것을 배우고, 행복한 자는 고생을 배워라. -프리드리히 실러(독일 작가, 문학이론가)

- 한 시간 행복하려면 낮잠을 자고, 하루 행복하려면 낚시를 하

고, 한 달 행복하려면 결혼을 하고, 일 년 행복하려면 유산을 받아라. 그리고 평생 행복하려면 네 주위의 가난한 사람을 도와라. -중국 속담

5. 처세

• 자신과 전혀 이해관계가 없는 사람을 대하는 태도로 인간성을 알 수 있다. -새뮤얼 존슨(영국 시인, 평론가)

• 남이 나를 알아주지 않는다고 걱정하지 말고, 내가 남을 알아주지 못할까를 걱정해야 한다. -지관스님

• 그 사람의 신발을 신고 오랫동안 걸어보기 전까지는 그 사람을 판단하지 마라. -인디언 속담

• 거울은 먼저 웃지 않는다. -가네히라 케이노스케(일본 기업인)

• 마음을 여는 손잡이는 안쪽에만 달려 있다. -헤겔(독일 철학자)

• 인생의 기술 중에서 90%는 싫어하는 사람과 사이좋게 지내는 방법에 관한 것이다. -새뮤얼 골드원(미국 영화 제작자)

• 화가 치밀어 오르거든 마음속으로 열을 세라. 열까지 세어도 화가 가라앉지 않으면 백까지 세라. -토머스 제퍼슨(미국 정치가)

• 적을 사랑하라, 그들이 너의 결점을 말해줄 것이다.
  -벤저민 프랭클린(미국 정치가)

• 사람을 자주 판단하다 보면 사랑할 수 없게 된다.
  -버트런드 러셀(영국 수학자, 철학자)

• 가장 배우기 어려운 교훈은 우리에게 상처를 안겨준 자들을 용

서하는 것이다. –조지프 제이컵스(미국 정치가)

- 어리석은 자의 특징은 타인의 결점을 드러내고 자신의 약점은 잊어버리는 것이다. –키케로(고대 로마 철학자)
- 타인의 결점을 눈으로 똑똑히 볼 수 있는 것은 바로 우리들 자신에게도 그런 결점이 있기 때문이다. –쥘 르나르(프랑스 소설가)
- 받은 상처는 모래에 기록하고, 받은 은혜는 대리석에 새겨라.
  –벤저민 프랭클린(미국 정치가)
- 남에게 은혜를 베풀 때 처음에는 가볍게 하라. 만약 처음에 무겁고 나중에 가볍게 한다면 그 은혜를 모르고 도리어 푸대접한다고 원망을 듣기 쉽다. –「채근담」
- 웃지 않는 자는 장사를 하지 마라. –중국 속담
- 사람을 이끌고자 한다면 그들 뒤에서 가야 한다. –노자(중국 사상가)
- 자기 자신을 싸구려 취급하는 사람은 타인에게도 역시 싸구려 취급을 받을 것이다. –윌리엄 해즐릿(영국 비평가)
- 가장 작은 선물에 감사하라. 그러면 더 큰 것을 받게 될 것이다.
  –토마스 아 켐피스(네덜란드 신학자)
- 인간의 모든 성질 중에서 질투는 가장 추악한 것이고, 허영심은 가장 위험한 것이다. –힐티(스위스 사상가)
- 아름다움을 찾으려고 온 세상을 두루 헤매어도 스스로의 마음 속에 아름다움을 지닌 사람이 아니면 그것을 찾을 수 없는 법이다. –랠프 월도 에머슨(미국 사상가)
- 사람이 부끄러워하는 마음이 없음을 부끄러워할 줄 안다면 부

끄러워할 일이 없다. _ 맹자(중국 유교 사상가)

- 선한 마음은 모든 음식에 들어가는 양념과 같다. 아무리 훌륭한 성품도 선한 마음이 없으면 가치가 없다. _ 톨스토이(러시아 작가)

- 거북은 아무도 몰래 수천 개의 알을 낳지만, 암탉이 알을 낳을 때면 온 동네가 다 안다. _ 말레이시아 속담

- 누구에게나 성실하라. 특히 어린아이와 약속한 것은 반드시 지켜라. 아이는 어른보다 쉽게 거짓말에 길들여진다. _『탈무드』

- 산을 옮길 수는 있어도 습관은 바꾸기 어렵고, 바다는 채울 수 있어도 욕심은 채우기 어렵다. _ 중국 속담

눈으로 보고 가슴에 새기게 하라
― A4 용지, 포스트잇, 코팅 용지 활용법

자녀의 인맥 교육을 위해 실천할 수 있는 두번째 방법은 좋은 글귀를 옮겨 적어 항상 몸에 지니거나 집 안 곳곳에 게시해놓는 것이다. 인터넷을 검색해보면 '인맥 관리 10계명'을 비롯해 '인간관계 10계명', '슬기로운 대화 33계명' 등 일상생활에서 실천할 수 있는 좋은 방법이 많이 올라와 있다. 그중에서 적당한 내용을 A4 용지에 인쇄해 집 안 곳곳에 붙여놓고 틈나는 대로 아이들에게 외우게 하는 것이다. 나의 경우에는 냉장고와 화장실, 아이들 책상 등 세 곳에 '리더십 10계명'을 붙여놓고 암기하게 했다. 처음에는 아이들이 잘 외우지 않기에 용돈을 상금으로 내걸었더니 일주일 만에 모두 암기했다.

인맥 관리 10계명

1. 먼저 인간이 되어라

- 좋은 인맥을 만들려고 하기 전에 먼저 자신의 인간성부터 살펴라.
- 이해타산에 젖지 않았는지, 계산적인 만남에 물들지 않았는지 살피고 고쳐라.
- 유유상종에 예외는 없다. 좋은 사람을 만나고 싶거든 너부터 먼저 좋은 사람이 되어라.

2. 적을 만들지 마라

- 친구는 성공을 가져오나, 적은 위기를 가져오고 애써 얻은 성공을 무너뜨린다.
- 조직이 무너지는 것은 3%의 반대자 때문이며, 열 명의 친구가 한 명의 적을 당하지 못한다.
- 쓸데없이 남을 비난하지 말고, 항상 악연을 피해 적이 생기지 않도록 하라.

3. 스승부터 찾아라

- 인맥에는 지도자, 협력자, 추종자가 있으며 가장 먼저 필요한 인맥은 지도자, 스승이다.
- 훌륭한 스승을 만나는 것은 인생에서 50% 이상을 성공한 것이나 다름없다.
- 유비도 삼고초려를 했으니 좋은 스승을 찾아 삼십고초려를 하라.

4. 생명의 은인처럼 만나라

- 만나는 사람마다 생명의 은인처럼 대하라. 항상 감사하고 어떻게 보답할 것인지 고민하라.
- 그 사람으로 인해 운명이 바뀌었고 또 앞으로도 바뀔 것이라 생각하고 대하라. 언젠가 그런 순간이 오면 기꺼이 네 생명을 구해줄 것이다.

5. 첫사랑보다 강렬한 인상을 남겨라

- 첫 만남에서는 첫사랑보다 강렬한 이미지를 남겨라.
- 발길에 채는 돌이 되지 말고 애써 얻은 보석처럼 가슴에 남으라.

6. 헤어질 때 다시 만나고 싶은 사람이 되어라

- 함께 있으면 즐거운 사람, 함께하면 유익한 사람이 되어라.
- 든 사람, 난 사람, 된 사람, 그도 아니면 웃기는 사람이라도 되어라.

7. 하루에 세 번 참고, 세 번 웃고, 세 번 칭찬하라

- 참을 인(忍) 자 셋이면 살인도 면한다. 미소는 가장 아름다운 이미지 메이킹이며, 칭찬은 고래도 춤추게 한다. 세 번의 열 배라도 참고 웃고 칭찬하라.

8. 내 일처럼 기뻐하고, 내 일처럼 슬퍼하라

- 애경사가 생기면 진심으로 함께 기뻐하고 함께 슬퍼하라.

- 네 일이 내 일 같아야 내 일도 네 일 같다.

- 먼저 주고, 조건 없이 주고, 더 많이 주고, 그리고 모두 잊어버려라.
- **Give & Take** 하지 마라. 받을 것을 생각하고 주면 정 떨어진다.

- 잘나간다고 가까이하고, 어렵다고 멀리하지 마라.
- 한번 인맥으로 만났으면 영원한 인맥으로 만나라.
- 백 년을 넘어서, 대를 이어 만나라.

이렇게 A4 용지를 집 안에 붙여놓는 것만으로 부족하다 싶어서 덧붙여 쓴 방법이 있다. '휴대용 10계명'을 만든 것이다. 명함 크기만 한 종이에 '리더십 10계명'을 축소 복사한 뒤 코팅해 항상 지갑 속에 넣고 다니면서 틈틈이 꺼내 보고 암기하게 했다. 벤저민 프랭클린이나 조지 워싱턴의 경우를 보더라도 올바른 성품과 습관을 지니려면 지속적이고 장기적인 훈련이 필요하다는 사실을 알 수 있다.

나 또한 '리더십 10계명'을 지갑에 보관하며 수시로 꺼내 읽어보고 올바른 성품과 태도를 갖기 위해 노력했다. 뿐만 아니라 침대 옆 탁자 위에도 놓아두고 잠자기 전과 아침에 눈 떴을 때 10계명을 암송하며 다시 한번 스스로의 대인 관계를 반성하고 점검했다. 물론 아직까지도 나의 대인 관계에 부족한 점이 많지만 조금이라도 개선된 부분이 있다면 이러한 노력을 통해 그나마 나아진 것이라 생각한다.

이외에도 가정에서 자녀 교육을 위해 쉽게 활용할 수 있는 방법으로는 포스트잇을 추천할 수 있다. 간단한 명언이나 글귀를 포스트잇에 적어서 책상, 냉장고, 거울, 식탁 주변 등에 붙여놓고 집 안을 오갈 때마다 자연스럽게 읽고 암기하도록 지도하면 된다.

자녀의 인맥 교육을 위해서는 부모가 많은 노력을 기울여야 한다. 특히 인간관계 교육은 학업과 마찬가지로 단기간에 성과를 기대할 수도 없고 변화 여부를 실시간으로 확인할 수도 없다. 따라서 부모가 확고한 신념을 갖지 못하면 적극적으로 실천하기도 어렵고, 설사 큰 마음 먹고 실천한다 해도 얼마 지나지 않아 흐지부지 끝나버릴 가능성이 매우 높다. 의식 있는 부모라면 이런 점을 분명하게 깨닫고 처음부터 체계적으로 자녀의 인맥 교육에 임해야 한다. 우선 앞에서 설명한 방법부터 실천해보자. 좋은 글을 직접 쓰거나 인터넷에서 발췌해 A4 용지, 포스트잇, 코팅 용지를 활용해 아이들의 눈과 손, 그리고 마음에 닿게 해보자.

인간관계 10계명

1. 먼저 손 내밀어라

- 사람들은 먼저 다가서지 않으며 상대방이 다가오기를 기다린다. 친구를 사귀고 싶으면 먼저 손을 내밀고 악수를 청하라. 용기 있는 자만이 미인을 얻고 먼저 다가서는 자만이 친구를 얻는다.

2. 호감을 가져라

- 사람은 자기를 좋아하는 사람을 좋아하고, 자기에게 관심을 보이는 사람에게 관심을 가진다. 호감과 관심을 받고 싶다면 자신부터 상대방에게 호감과 관심을 가져라.

3. 통하라

- 인간관계는 커뮤니케이션 관계이며 커뮤니케이션은 통하는 것이다. 대화중에 말, 생각, 감정이 진심으로 통해야 서로 통하는 사이가 된다. 공감하라! 상대방의 말을 집중해 경청하고 상대방을 수용하고, 이해하고, 인정하고, 지지하라.

4. 따뜻한 말을 하라

- 상대방에게 힘과 용기를 주는 말을 하라. 기쁨과 즐거움을 주는 말을 하라.
- 사랑과 애정이 담긴 말로 상대방의 마음을 따뜻하게 하라.

5. 상처 주지 마라

- 상대방을 비판, 비난하지 마라. 책임과 잘못을 전가하지 마라.
- 상대방의 감정과 자존심에 상처를 주지 마라.

6. 속을 보여줘라

- 열 길 물속은 알아도 한 길 사람 속은 모른다고 했다. 모르면 이해할 수 없고 이해하지 못하면 친해질 수 없다. 솔직하게 생각, 감정을 표현하고 속을 보여줘라. 때로는 비밀도 공유하라.

7. 많이 웃고, 많이 웃겨라

- 사람은 잘 웃는 사람, 잘 웃기는 사람, 밝고 유쾌한 사람을 좋아한다. 자주 웃고, 자주 웃겨라.

8. 챙겨줘라

- 상대방의 일을 내 일처럼 생각하라. 상대방의 애경사를 내 애경사처럼 생각하라.
- 상대방에게 필요한 일, 도움이 되는 일을 미리미리 잘 챙겨줘라.

9. 참고 이해하고 용서하라

- 인간관계에서 가장 중요한 것은 참는 것이다.
- 인간관계에서 가장 중요한 것은 참고 이해하는 것이다.
- 인간관계에서 가장 중요한 것은 참고 이해하고 용서하는 것이다.

10. 먼저 등 돌리지 마라

- 인간관계가 쉽게 가까워지지 않는다고 먼저 등 돌리지 마라.
- 별 볼일 없다고 먼저 등 돌리지 마라. 섭섭하다고 먼저 등 돌리지 마라.
- 한번 맺은 인연을 소중히 하고 절대 먼저 등 돌리지 마라.

인생에 꼭 필요한 5가지 '끈'

1. 매끈

까칠한 사람이 되지 마라. 보기 좋은 떡이 먹기 좋고 모난 돌은 정 맞기 쉽다. 세련되게 입고, 밝게 웃고, 자신감 넘치는 태도로 매너 있게 행동하라. 외모가 미끈하고 성품이 매끈한 사람이 되어라.

2. 발끈

오기 있는 사람이 되어라. 실패란 넘어지는 것이 아니라 넘어진 자리에 머무는 것이다. 동트기 전이 가장 어두운 법이니 어려운 순간일수록 오히려 발끈하라! 가슴속에 불덩이 하나쯤 품고 살아라.

3. 화끈

미적지근한 사람이 되지 마라. 누군가 해야 할 일이라면 내가 하고, 언젠가 해야 할 일이라면 지금 하고, 어차피 할 일이라면 화끈하게 하라. 눈치 보지 말고 소신껏 행동하는 사람, 내숭 떨지 말고 화끈한 사람이 되어라.

4. 질끈

용서할 줄 아는 사람이 되어라. 실수나 결점이 없는 사람은 없다. 다른 사람을 쓸데없이 비난하지 말고 질끈 눈을 감아라. 한번 내뱉은 말은 다시 주워 담을 수 없으니 입이 간지러워도 참고, 보고도 못 본 척할 수 있는 사람이 되어라. 다른 사람이 나를 비난해도 질끈 눈을 감아라.

5. 따끈

따뜻한 사람이 되어라. 계산적인 차가운 사람이 아니라 인간미가 느껴지는 사람이 되어라. 털털한 사람, 인정 많은 사람, 메마르지 않은 사람, 다른 사람에게 베풀 줄 아는 따끈한 사람이 되어라.

이야기와 책으로 들려줘라
— 우화, 예화, 책 활용법

얼마 전, 나의 졸저 『당신만의 인맥』을 읽고 깊은 감명을 받았다는 이기훈 군을 만났다. 충남 예산에 사는 이 군은 한 달 전쯤 메일을 보내와서는 나를 꼭 한번 만나 조언을 듣고 싶다고 했다. 고마운 마음에 약속을 잡았다. 뜻밖에도 이기훈 군은 고교 3학년 학생이었다. 함께 저녁을 먹으며 이런저런 대화를 나누었는데, 놀랍게도 이 군은 A4 용지 7~8장에 질문할 내용을 빼곡히 적어 왔다. 궁금해하는 사항에 대해 내 생각을 들려주고 난 뒤 어떤 계기로 인맥 관리에 관심을 갖게 되었는지 물어보니, 건축업에 종사하는 아버지가 평소에 인맥의 중요성을 강조해 들려주었다고 했다. 그렇다고는 해도 어린 나이에 인맥의 중요성을 몸소 깨닫고 예산에서 서울까지 나를 만나러 왔다는 사실이 참 놀라웠다.

아직 어린 학생이 이렇게 인맥의 중요성을 절감하는 데는 그의 말처럼 아버지의 역할이 절대적이었을 것이다. 이렇듯 부모가 어떤 가치관을 심어주느냐에 따라 자녀의 인맥은 근본적으로 달라진다. 성공과 행복을 위해서는 인간관계가 가장 중요하다는 사실을 자녀에게 자주 들려줘야 한다.

자녀의 인간관계 교육을 위해 실천할 수 있는 또 다른 방법으로 우화, 동화, 예화 등의 이야기와 책을 활용하는 방법이 있다. 아이가 초등학생이라면 우화, 동화가 적당할 테고, 중·고등학생이라면 예화, 일화 등을 들려주고, 대학생 이상의 자녀라면 인맥 관리, 인간관계 관련 서적을 읽도록 권장하는 것이 효과적이다.

내 경우에는 나의 첫 책 『인간관계 맥을 짚어라』가 출간되었을 때 중3 딸과, 초등 4학년인 아들에게 읽어보도록 권했다. 물론 아이들 수준으로는 이해하기 어려운 내용도 있었을 테지만 다행히 아빠의 뜻을 이해하고 잘 따라주었다. 그 뒤로도 내가 쓴 책이 출간될 때마다 아이들에게 한 권씩 선물하며 꼭 읽도록 추천하고 있다. 내가 조금만 더 빨리, 아이들이 아주 어릴 때부터 인간관계 교육을 시작했다면 우화를 통해 교훈을 들려주었을 것이다. 벤저민 프랭클린의 자서전에는 이런 이야기가 실려 있다.

내 아버지는 친구나 이웃들과 식탁에 마주 앉아 이야기를 나눌 때마다 어린이들의 마음을 일깨워주는 흥미롭고 유익한 화제로 대화하려고 주의를 기울였다. 이런 방법을 통해 아버지는 무엇이 선이고 무엇이 지혜

벤저민 프랭클린의 아버지 역시 자녀를 지도하는 방법으로 우화나 예화를 많이 활용했을 것이다. 자녀의 인간관계 교육을 위한 우화로 는 「곰과 두 나그네」, 「여우와 두루미」, 「은혜 갚은 생쥐」 등을 우선 추천한다. 「곰과 두 나그네」는 친구 사이의 우정과 신의에 대해, 「여 우와 두루미」는 배려에 대해, 「은혜 갚은 생쥐」는 베풂의 교훈을 들 려준다.

「곰과 두 나그네」

두 남자가 함께 여행하다가 곰과 마주쳤다. 한 사람은 재빨리 나 무에 올라가 가지 사이로 몸을 숨겼지만, 다른 한 사람은 미처 피하 지 못한 채 땅바닥에 납작하게 몸을 엎드렸다. 곰이 다가와 코끝으로 건드려보고 냄새를 맡자 땅에 엎드린 사람은 숨을 멈추고 죽은 시늉 을 했다. 곰은 죽은 시체에는 손을 대지 않기 때문에 잠시 머물다가 곧 그의 곁을 떠나갔다. 곰이 가버리자 나무에 올라갔던 나그네가 친 구에게 내려와 농담하듯 물었다. "곰이 자네 귀에다 대고 뭐라고 속 삭이던가?" 그러자 땅에 엎드렸던 친구가 진지하게 대답했다. "곰이 이렇게 충고하더군. 위기가 닥쳤을 때 친구를 버리는 사람과는 절대 함께하지 말라고 말이야."

「여우와 두루미」

여우와 두루미가 한마을에 살고 있었다. 어느 날, 여우가 두루미를 자기 집에 초대했는데 넓고 납작한 접시에 음식을 담아 두루미 앞에 내놓았다. 부리가 긴 두루미는 음식을 전혀 먹을 수 없었다. 화가 난 두루미는 집으로 돌아갔고 얼마 뒤 여우를 자기 집에 초대했다. 여우가 음식을 먹으려고 식탁을 살펴보았는데 맛있는 음식이 하나같이 긴 호리병에 담겨 있었다. 부리가 없는 여우는 음식을 먹지 못한 채 침만 삼킬 수밖에 없었다.

「은혜 갚은 생쥐」

어느 날, 사자가 풀밭에서 쉬고 있는데 생쥐 한 마리가 사자 얼굴 위로 달려가는 바람에 사자가 잠에서 깨어났다. 몹시 화가 난 사자는 생쥐의 꼬리를 붙들고 한입에 잡아먹으려 했다. 생쥐는 겁에 질려 떨며 사자에게 간청하기를, "저를 살려주시면 언젠가는 제가 사자님을 도울 일이 있을 거예요"라고 말했다. 이 말을 들은 사자는 코웃음 치며 생쥐를 풀어주었다. 며칠 뒤 사자는 사냥꾼들이 쳐놓은 그물에 걸려 위험에 처했는데, 생쥐가 달려와 날카로운 이빨로 그물을 끊어 사자의 목숨을 구해주었다.

이솝 우화, 안데르센 동화 중에는 인간관계의 지혜가 담겨 있는 이야기가 매우 많다. 자녀의 눈높이에 맞는 이야기를 들려주면서 몇 마디 교훈을 덧붙인다면 자연스럽게 자녀의 생각과 행동에 큰 영향을 미칠 수 있다. 아이가 중·고생이라면 처칠과 플레밍, 빌 게이츠와 스티브 발머, 구글의 창업자인 래리 페이지Larry Page와 세르게이 브린Sergey Brin, 피시아스와 다몬, 관중과 포숙, 조지 워싱턴, 벤저민 프랭클린, 링컨, 클린턴과 힐러리 등 역사적 인물에 관한 일화, 예화를 들려주는 것이 좋다.

〈링컨의 결투〉

미국의 링컨 대통령은 젊은 시절, 다른 사람의 결점을 들추고 비난하기를 즐겼다. 게다가 특정한 사람을 비웃는 편지를 고의로 길가에 버려 사람들이 주워 읽게 만든 탓에 그를 미워하는 사람이 점점 늘어갔다. 한번은 링컨이 정치가인 제임스 쉴즈를 조롱하는 글을 신문에 기고해 시민들의 웃음거리로 만들었다. 분노한 제임스 쉴즈는 링컨에게 달려와 목숨을 건 결투를 신청했다.

미시시피 강 백사장에서 승마 검투가 벌어지기 직전 친구들의 중재로 결투가 중단되었고, 링컨은 겨우 목숨을 부지할 수 있었다. 그 뒤로 링컨은 다른 사람을 비판하거나 비난하는 일이 가장 어리석은 행동이라는 것을 깨닫고 항상 타인을 존중하며 높여주는 사람이 될 것을 결심했다. 그 결과, 미국 역사상 가장 위대한 업적과 훌륭한 인품으로 많은 존경을 받는 대통령이 될 수 있었다.

〈발명왕 에디슨과 자동차 왕 포드의 우정〉

발명왕 토머스 에디슨이 67세였을 때, 멘로 파크에 있는 그의 공장에 불이 나 삽시간에 잿더미로 변해버렸다. 실의에 빠져 있는 에디슨에게 자동차 왕 헨리 포드가 나타나 75만 달러짜리 수표를 내밀며 "이자는 받지 않을 테니 돈이 더 필요하면 언제든지 이야기해"라고 말했다.

포드가 이렇게 아낌없이 도움을 준 데는 그럴 만한 이유가 있었다. 오래전 자동차 생산을 막 시작하던 당시, 포드는 기술적인 문제로 어려움을 겪을 때마다 에디슨을 찾아와 조언을 구했다. 그러던 어느 날, 포드가 자리에서 일어서려는데 에디슨이 이렇게 말했다. "자네는 지금 대단한 일을 하고 있네. 그 일에 더욱 열심히 매달리게나. 나는 자네가 하는 일이 교통수단에 획기적인 혁명을 가져올 거라 확신하네." 이때 에디슨이 들려준 격려의 말이 포드가 용기를 잃지 않고 가솔린엔진을 개발하는 데 큰 힘이 되었다고 한다. 에디슨이 포드에게 베푼 따뜻한 말 한마디가 정작 그 자신이 어려움에 처했을 때 결정적인 도움을 받을 수 있는 우정을 만든 것이다.

〈클린턴 대통령의 인터뷰〉

미국 클린턴 대통령에게 적대적이던 정치인들이 그를 일 대 일로 만나고 나면 매우 호의적으로 변한다는 사실을 듣고 한 언론사 간부는 호기심을 느꼈다. 그래서 그는 어떤 연유인지 알아보기 위해 클린턴에게 인터뷰를 요청했다. 마침내 20여 분 동안 클린턴을 독대하고 난 뒤 언론사 간부는 다음과 같이 설명했다. "클린턴은 세계에서 가장 바쁜 미국의 대통령이다. 그런데 클린턴은 인터뷰를 하는 20분 동안 이 세상에 마치 나밖에 없다는 듯이 대해줬다. 자기에게 가장 소중한 것은 이 세상에서 오직 '나뿐'이라는 듯이 말이다. 이것이 클린턴이 적을 친구로 만드는 비결이라고 생각한다."

〈피시아스와 다몬〉

기원전 4세기경, 그리스에 사는 피시아스라는 젊은이가 교수형을 당하게 되었다. 효자였던 피시아스는 부모님에게 마지막 작별 인사를 하게 해달라고 부탁했지만 도망갈 것을 염려한 왕은 허락하지 않았다. 어느 날, 피시아스의 친구 다몬이 찾아와 왕에게 간청했다. "피시아스가 돌아올 때까지 제가 인질로 감옥에 갇혀 있겠습니다. 만약 그가 돌아오지 않으면 제가 대신 교수형을 받겠습니다." 왕은 다몬을 감옥에 가두고 피시아스를 집으로 돌려보냈다. 어느덧 교수형을 집행하는 날이 돌아왔지만 피시아스는 돌아오지 않았다. 마침내 다몬의 목에 밧줄이 걸리려는 순간 저 멀리서 피시아스가 달려오며 외쳤다. "홍수 때문에 길이 막혀 이제야 돌아왔습니다. 다몬을 풀어주십시오." 이 모습을 지켜본 왕은 두 사람의 우정에 감동해 피시아스와 다몬 둘 다 석방시키며 이렇게 말했다. "내가 가진 모든 것을 주더라도 이런 친구를 한번 사귀어보고 싶구나!"

〈관중과 포숙〉

옛날, 중국 제나라에 관중과 포숙이라는 두 친구가 살았는데 서로 동업을 하게 되었다. 포숙은 자본을 대고 관중은 경영을 맡았는데, 관중이 더 많은 이익을 차지했다. 하지만 포숙은 관중을 욕심 많은 사람이라 욕하지 않았으며 오히려 집안이 가난한 탓이라고 너그럽게 이해했다. 얼마 뒤 관중이 장사를 잘못해 큰 곤경에 처하게 되었지만 포숙은 때가 좋지 않아 손해를 본 것이라고 관중을 감싸주었다. 관중이 벼슬길에 세 번 올랐다가 모두 쫓겨났을 때도 포숙은 관중을 무능하다고 비난하지 않고 진심으로 위로해주었다. 함께 전쟁에 나갔을 때 관중이 세 번 도망을 쳤지만 포숙은 그를 겁쟁이라고 비난하지 않았다. 오히려 늙은 어머니가 계시기 때문이라고 왕에게 변호해 관중의 목숨을 구해주었고, 자기보다 더 높은 벼슬에 관중을 천거했다. 포숙의 도움으로 목숨을 구한 관중은 훗날 제나라 주변에 있는 35개국을 병합해 부국강병을 이루는 큰 업적을 이루게 된다.

관중은 자신의 실수와 잘못을 덮어주고 끝까지 믿어준 포숙이 죽었을 때 "나를 낳아준 사람은 부모지만, 나를 알아준 사람은 포숙이었다(生我者父母 知我者鮑子也)"라고 한탄했다. 여기서 나온 '관포지교(管鮑之交)'는 '관중과 포숙의 사귐'이라는 뜻으로, 서로 이해하고 믿어주는 깊은 우정을 나타내는 말이 되었다.

자녀가 대학생 또는 20대 초반의 나이라면 인간관계와 관련된 책을 많이 읽게 하는 것이 바람직하다. 최근에는 전자책과 스마트폰이 많이 보급되어 있기 때문에 언제 어디서나 손쉽게 독서를 할 수 있다. '북큐브(www.bookcube.com)' 같은 전자책 전문 서점에 접속하면 저렴한 가격으로 전자책을 다운받아 읽을 수 있으며, 스마트폰에 전용 어플리케이션을 설치하면 교보문고와 같은 대형 서점들에 비치된 책도 간편하게 읽을 수 있다.

"다른 사람이 쓴 책을 읽는 일로 시간을 보내라. 다른 사람이 고생하면서 깨우치는 것을 보고 쉽게 자신을 개선시킬 수 있다"라는 소크라테스의 말처럼, 책을 읽으면 다른 사람들이 어렵게 깨달은 인간관계의 비결을 쉽게 배울 수 있다. "오늘날의 나를 만들어준 것은 동네 도서관"이라고 말하는 빌 게이츠, 어린 시절부터 인간관계에 관한 책을 읽으며 대인 기술을 향상시키려 노력했던 워런 버핏의 사례를 교훈 삼아 자녀에게 적극적으로 독서를 지도해보자.

흥미로운 영상으로 보여줘라
— 영화, 드라마, 동영상, 시디롬 활용법

자녀에게 인간관계를 가르치는 또 다른 방법 중 하나는 영화나 드라마에서 인간관계와 관련된 장면이 나올 때 그 상황을 설명해주는 것이다. 특히 우리나라의 저녁, 주말 드라마에는 다양한 인간관계가 등장하기 때문에 풍부한 사례로 활용하기 좋다. 예를 들어 드라마 〈선덕여왕〉이 방영되었을 때 자녀들에게 미실과 덕만 공주의 리더십을 비교해 가르쳤다는 부모를 만난 적이 있다. 아이들도 관심이 많은 드라마였던 만큼 어떻게 해야 사람들이 자신을 따르게 할 수 있는지 설명하기가 훨씬 쉬웠다고 한다.

드라마뿐만 아니라 영화에서도 인간관계의 적절한 사례로 활용할 만한 장면을 많이 찾아볼 수 있다. 2001년 개봉해 공전의 히트를 기록한 영화 〈친구〉는 우정에 관한 교훈을 들려줄 수 있는 작품이고,

2003년 1,000만 관객을 돌파한 〈태극기 휘날리며〉는 형제간의 우애를 보여줄 수 있는 좋은 예다. 영화 〈라디오 스타〉에서는 주인공 최곤(박중훈)과 민수(안성기)가 이런 대화를 나눈다.

민수: 저게 말로만 듣던 안드로메다구나. 저게 은하철도 999 종착역 아니냐. 곤아, 너 별자리가 뭐냐?
최곤: 전갈자리.
민수: 그래서 성질이 더럽구나. 난 물병자리.
최곤: 형은 술병자리야.
민수: 곤아, 너 아냐? 별은 말이지, 자기 혼자 빛나는 별은 거의 없어. 다 빛을 받아서 반사하는 거야.

자녀와 함께 이 영화를 본다면 '사람도 자기 혼자 빛나는 별은 없으며 모두 다른 사람의 빛을 받아서 그 빛을 반사하는 것'이라고 비유하며 인간관계의 중요성을 알려줄 수 있다.

또한 영화 〈친절한 금자 씨〉에서는 감옥에서 나온 금자가 마중 나온 목사에게 "너나 잘하세요"라고 모욕하고, 이 일로 인해 배신감을 느낀 목사가 금자를 위기에 빠뜨리는 장면이 나온다. 이런 장면을 함께 보았다면 '인간관계에서 쓸데없이 다른 사람을 비난하거나 비판하면 큰 화를 초래할 수 있다'는 교훈을 들려줄 수 있다.

한 가지 더. 영화 〈굿바이 마이 프렌드〉를 통해서는 진정한 우정이 어떤 것인지, 영화 〈소셜네트워크〉를 통해서는 세상은 좁고 6단계만 거치면 모든 사람이 서로 연결된다는 이야기를 들려줄 수도 있다. 이처럼 영화는 인간관계의 지혜와 방법을 쉽게 설명해줄 수 있는 훌륭한 교육 도구다.

"아는 만큼 보이고 보이는 만큼 안다"는 말도 있고, "좋아하면 알게 되고 알게 되면 보이나니 그때 보이는 것은 예전과 다르더라"라는 말도 있다. 드라마나 영화를 통해 아이들에게 교훈을 들려주려면 부모가 먼저 드라마나 영화를 인간관계의 측면에서 바라볼 수 있어야 한다. 무심코 보면 평범해 보이는 장면도 관심을 갖고 바라보면 그 속에서 특별한 교훈과 깨달음을 찾아낼 수 있다. 그야말로 '아는 만큼 보이고 좋아해야만 보이는 것'이다. "참된 발견은 새로운 땅을 발견하는 것이 아니라 새로운 눈으로 보는 것이다"라는 프랑스 작가 마르셀 프루스트Marcel Proust의 말처럼, 인맥과 인간관계라는 새로운 눈으로 드라마, 영화를 보면 자녀에게 전해줄 소중한 교훈을 무궁무진하게 찾아낼 수 있다.

드라마, 영화 이외에도 인간관계 교육법의 효과적인 활용 도구로 동영상이 있다. EBS 〈지식채널e〉에는 가족, 공동체, 관계, 소통, 사랑, 우정, 리더십 등 다양한 주제를 다룬 추천할 만한 동영상이 가득하다. 또한 인터넷에는 'TED', 'SNOW'와 같이 무료로 지식을 공유하는 사이트가 많은데, 이런 곳에 접속해 보거나 다운받았다가 컴퓨터, 전자사전, PMP, 태블릿 PC 등을 이용해 시청하면 된다.

자녀가 대학생이라면 '휴넷', '크레듀' 같은 교육 전문 사이트의 동영상 강좌를 수강하도록 지도하는 것도 바람직하다. "인(人)테크가

재테크"라는 말이 있듯, 투자를 해야 좋은 인맥을 형성할 수 있으니 모든 것을 공짜로만 해결하려 하지 말자.

마지막으로 추천할 만한 좋은 방법으로 강의 시디롬이 있다. 온라인 서점이나 오프라인 서점에서 찾아보면 인맥, 인간관계에 관한 강의를 녹음해놓은 시디롬이 많은데 이를 구입해 집에서 듣게 하거나, 함께 차를 타고 갈 때 들어도 좋다. 영화, 드라마, 동영상, 시디롬 등 이렇게 주변에 널린 풍부한 교육 자료를 마음껏 활용해, 아이들이 인간관계와 인맥의 중요성을 어릴 때부터 깨달아 실천할 수 있도록 이끌어주자.

만남 없이도 '통하게' 하라
― 전화, 메일, 문자 활용법

오래전, 초등학교에 갓 입학한 아들에게 다음과 같은 문자를 받고 한참 웃었던 적이 있다.

아버지 사랑해요. 존경하는 아버지가 안 계셨더라면 돈이 없어서 물건을 구하지 못했을 거예요. 도둑이나 강도가 되어 살았을 거예요. 건강하게 오래오래 사세요.

요즘도 나는 중학생 아들과 자주 문자를 주고받는다. 일반적으로 원만한 인간관계를 맺는 대인 스킬은 가족이나 주변 사람과의 접촉을 통해 자연스럽게 형성된다. 그러므로 되도록 다양한 사람들과 만날 수 있는 기회를 제공하는 것이 대인 관계 교육에 바람직하다.

222

특히 인간관계는 커뮤니케이션 관계이며 대인 관계 스킬의 대부분이 언어를 통해 이뤄지기 때문에, 다른 사람들과 많은 대화를 나눌 수 있는 환경이 조성되면 기본적인 사교술과 대화법은 저절로 습득된다.

하지만 아쉽게도 현실은 그렇지 못하다. 초등학교에만 들어가도 정규 수업 말고도 태권도, 피아노, 미술, 영어 학원, 학습지, 과외에 쫓겨 친구들과 어울려 놀 시간조차 없는 것이 요즘 아이들의 하루 일과다. 게다가 예전과 달리 형제가 많은 것도 아니고 대부분 한 집에 한두 명의 아이뿐이다. 맞벌이 가정도 많은 데다, 맞벌이가 아니더라도 아빠는 아침 일찍 회사에 나가 밤늦게 귀가하고 엄마는 엄마대로 바쁜 생활을 하다 보면 아이가 만나는 사람은 다람쥐 쳇바퀴 돌듯 몇 사람으로 한정되어 있을 수밖에 없다.

상황이 이렇다 보니 새로 만나는 사람들에게 낯을 가리고 제대로 말을 건네거나 대답하지 못하며 자기표현력이 떨어지는 아이를 많이 보게 된다. 특히 컴퓨터게임에 중독된 아이들은 문제가 더 심각해 매우 고립적인 성향을 나타내기도 한다. 이런 문제를 예방하려면 자녀에게 인간관계의 폭을 넓혀주어야 하지만, 바쁜 현실에서 상황이 여의치 않을 때는 얼굴을 맞대지 않는 비대면 접촉의 기회라도 많이 만들어주어야 한다. 이때 활용하기 좋은 방법이 전화, 메일, 문자메시지다.

집안 어른들에게 전화하기

아이한테 집안 어른들에게 안부 전화를 걸게 하는 것에는 여러 가지 긍정적인 효과가 있다. 우선 가족에 대한 관심과 일체감을 유도할 수 있고, 인사성을 길러줄 수 있으며, 적절한 대화법과 전화 예절을 학습시킬 수 있다. 아울러 손자 손녀가 안부 전화를 하면 부모님의 적적함을 덜어드릴 수 있으니 그것으로도 효도가 되며, 할아버지 할머니가 아이들에게 들려주는 조언이나 유익한 이야기는 그 자체로 살아 있는 교육이니 그야말로 일석다조인 셈이다.

내 경우에도 오래전부터 할아버지한테 안부 전화를 걸도록 아이들을 지도했다. 처음에는 "뭐라고 해? 할 말도 없는데"라며 불만을 터뜨렸지만 반복될수록 당연한 일로 익숙해졌고, 며칠 전에는 "할아버지, 지난 주말에 찾아뵙지 못해서 안부 전화 드렸어요"라며 자연스럽게 통화하는 모습도 볼 수 있었다.

모든 것은 습관이다. 주말이 되면 특별한 일이 없는 한 아이들을 데리고 부모님을 찾아뵙는데, 처음에는 "할아버지 댁은 심심해서 가기 싫어요"라고 떼를 썼지만 어느샌가 주말이 되면 으레 찾아뵙는 것으로 알고 있다. 최근에 발표된 조사 결과에 따르면, 할아버지 할머니를 가족으로 여기는 아이들의 비율이 23.4%에 불과하다고 한다. 가족 공동체 의식을 유지하는 측면에서도 할아버지 할머니에게 안부 전화를 자주 걸도록 가르치는 것이 바람직하다.

선생님에게 메일 보내기

메일은 자신의 생각과 느낌을 겉으로 드러내어 다른 사람에게 표현해볼 수 있는 좋은 훈련법이다. 예전 같으면 직접 편지를 써서 우편으로 보냈겠지만 요즘은 대부분 전자메일을 사용하니, 선생님의 메일 주소를 확인해 한 달에 한 번꼴로 메일을 보내도록 지도하는 것이 바람직하다.

메일을 쓸 때는 무엇을 쓸지, 자신의 말이 어떻게 받아들여질지, 어떤 내용으로 쓰면 받는 사람에게 기분 좋은 편지가 될지를 생각하게 해야 한다. 이런 과정을 반복하다 보면 자신의 생각과 감정을 타인에게 전달하고 타인의 생각과 감정을 자신에게 이입해보는 공감 능력이 향상될 수 있다. 또한 메일을 받는 선생님에게서 우리 아이에 대한 관심과 호감을 자연스럽게 이끌어낼 수 있으니 일거양득인 셈이다.

친구들에게 문자메시지 보내기

요즘 아이들은 '엄지족'이라는 별명이 붙을 만큼 휴대폰으로 문자메시지를 보내는 일에 능숙하다. 나의 딸과 아들도 친구들과 수시로 문자를 주고받는데 식사 시간에도 한손으로는 밥을 먹고 다른 한손으로는 문자를 보내는 모습을 종종 보게 된다.

하지만 대인 관계는 얼마나 빨리 문자를 보내느냐가 아니라 얼마나 정성스럽게 문자를 보내느냐에 달려 있다. 사회생활을 하다 보면 수많은 사람에게 문자를 받게 되는데, 대부분이 형식적이고 영업적인 스팸성 문자이며 진심이 담긴 문자는 찾아보기 어렵다. 이런 삭막한 문자 문화 속에서 우리 아이들을, 받는 사람의 마음에 가 닿는 진솔하고 따뜻한 문자를 보낼 줄 아는 사람으로 키우는 것이 중요하다.

아울러 문자메시지는 사회에서 가장 많이 애용되는 인맥 관리 방법이다. 명언, 속담, 유머, 정보, 감성적 표현, 상대방에 대한 관심 등을 담아 정성껏 문자를 보내는 습관을 길러주면 성인이 되어서도 큰 도움이 된다. 뿐만 아니라 연말연시, 명절, 기념일 등이 되면 그동안 알게 된 모든 사람에게 문자를 보내 그들과 장기간에 걸쳐 인간관계를 유지하는 습관을 만들어주어야 한다.

사회 속 인간관계를 지켜보면 대부분 뜻밖의 횡재 같은 산삼처럼 여겨 단기 투자하는 경향이 많다. 처음에는 평생을 갈 것처럼 수시로 연락하다가 얼마 지나지 않아 연락이 줄어들고 끝내 접촉이 끊어지고 만다. 하지만 인간관계는 하루아침에 성장하는 나무가 아니며, 인삼처럼 5~6년간 땀과 정성을 기울여야만 좋은 인맥을 만들 수 있다. 아이들에게도 이 점을 분명하게 가르쳐야 한다. 어렸을 때부터 꾸준하게 인간관계를 맺는 습관을 갖지 못하면 사회에 나가서도 쉽게 만나고 쉽게 헤어지는 얄팍한 인간관계에서 벗어나지 못한다.

자녀에게 만남 없이도 '통할' 수 있도록 비대면 접촉의 기회를 많이 만들어주려면 가까운 친인척과 지인, 친구들에게 전화를 걸고 메일, 문자를 자주 보내도록 가르쳐야 한다. 물론 이때에도 가장 중요한 점은 부모가 몸소 모범을 보여야 한다는 사실이다. 부모가 먼저 할아버지 할머니한테 안부 전화를 하고, 선생님에게 진심 어린 감사의 메일을 쓰고, 친구와 주변 사람과 정기적으로 문자를 주고받으며 그 내용을 자녀들에게도 보여주고 함께 이야기를 나누면, 아이들은 자연스럽게 부모를 본받아 좋은 습관과 적절한 대인 관계 스킬을 몸에 지니게 된다. 부모가 먼저 모범을 보여라. 부모가 본을 보이지 않는 억지 교육은 아이들을 변화시키지 못한다.

활짝 열린 온라인 통로에서
새롭게 만나게 하라
— 트위터, 페이스북, 인터넷 활용법

트위터, 페이스북 같은 소셜네트워크서비스(SNS)가 뜨거운 인기를 얻고 있다. 특히 스마트폰의 보급과 맞물려 가입자 수가 폭발적으로 증가하고 있는데, 2011년 1월 기준으로 국내 트위터 이용자는 250만, 페이스북 이용자는 400만 명이 넘는 것으로 조사되었다. 특히 페이스북은 전 세계 6억 명 이상이 활동중인데 앞으로도 가입자 수가 지속적으로 증가할 것으로 전망하고 있다.

이러한 흐름에 발맞춰 전통적인 인맥 관리에도 변화가 오고 있다. 취업 포털 사이트 '커리어'에서 20~30대 직장인 1,129명을 대상으로 조사한 결과에 따르면 응답자의 56.8%가 학연, 지연, 직급 및 나이 등에 상관없이 온라인에서 맺은 디지털 인맥이 있으며, 1인당 맺은 디지털 인맥은 평균 20.2명인 것으로 나타났다. 직장인들이 꼽은 디

228

지털 인맥의 장점으로는 '직급·나이를 가리지 않고 다양한 분야의 사람과 교류할 수 있다'가 59%로 1위를 차지했다. 이외에도 디지털 인맥 관리는 오프라인에 비해 시간과 공간에 제약을 받지 않고 매일 대화할 수 있으며, 많은 사람과 정보를 공유할 수 있고, SNS 사이트에서 제공하는 다양한 기능을 통해 효율적으로 관리할 수 있다는 장점이 있다.

사실 트위터, 페이스북은 단순한 정보의 집합소가 아니라 만남의 광장, 인맥의 보고(寶庫)다. 전 세계에 흩어져 있는 사람들과 교류할 수 있고, 유명인들과 친구처럼 대화를 나눌 수 있으며, 각 분야의 전문가들과도 쉽게 인맥을 형성할 수 있다. 트위터에서 활동하는 사람들 중에는 정치인(노회찬, 박근혜, 유시민, 이계안, 이정희, 천정배), CEO(박용만, 윤용로, 정용진, 조현정, 이찬진), 작가(공지영, 김수현, 김탁환, 은희경, 이외수), 연예인(김미화, 김제동, 박경림, 이경규, 정보석), 아나운서(김주하, 민경욱, 박영환, 오상진, 조수빈) 등을 비롯해 각계각층의 리더, 전문가들이 가입해 있다.

시대 변화를 앞서가는 얼리어댑터(Early Adopter)들은 오래전부터 전통적인 인맥 관리에서 벗어나 SNS 인맥 관리에 힘써온 것이 사실이다. 실제로 나 역시 '@blu2'라는 아이디를 개설해 25,000명이 넘는 사람들과 팔로잉(following, 다른 사람의 트위터를 구독 신청하는 행위), 팔로워(follower, 다른 사람의 트위터를 구독 신청하는 사람)를 맺고 있다. 그리고 '트위터 아카데미', '희망공화국' 등의 모임을 주관하고, '행성인모임', '트위터 문학상'을 개최하며, 트위터가 아니었다면 만나기 힘들었을 각계각층의 사람들과 폭넓은 인맥을 맺고 있다.

자녀에게 좋은 인맥을 만들어주려면 트위터, 페이스북에 가입하게 하자. 어렵게 생각할 것 없다. 처음에는 아이들이 좋아하는 연예인을 팔로잉하게 하면 스스로 관심을 갖고 활동할 것이다. 실제로 트위터에는 어린 학생도 많이 활동하고 있다. 금년에 고등학교를 졸업한 김만수 군(@mansoo902)은 고등학교 2학년 때부터 트위터에서 활동하며 각종 번개 모임에 참석했다. 염형준 군(@ppoppo99)은 현재 고등학교 2학년에 재학중이고, 임소정 양(@MeredithLim)은 중학교 3학년이다. 특히 임소정 양은 적극적인 활동으로 팔로워가 4,000명이 넘으며 두산 그룹 박용만 회장(@Solarplant)과도 대화를 주고받는 사이다. 이렇듯 고등학생도 수천 명 이상의 팔로워를 만들 수 있고 대기업 회장과도 친분을 맺을 수 있는 공간이 바로 트위터다.

위에서 소개한 학생들 외에도 트위터에는 중·고교에 재학중인 많은 학생이 열성적으로 활동하고 있다. 혹시 자녀가 초등학생이어서 아직 불가능하거나 상관없는 일이라고 생각하는가? 아래 트위터에 소개된 태경민 학생(@tkm0640)은 이제 초등학교 4학년인데도 트위터에 가입해 활동하고 있다.

@oisoo
겨울은 춥고도 길었어. 구제역이 확산되고 축제는 문을 닫고 엄동설한, 가끔은 흩날리는 눈보라. 사랑하다 이별한 사람들은 얼마나 견디기 힘들었을까. 어느새 입춘. 하지만 내 가슴에 꽃이 피지 않았으니 아직은 겨울.

약 2월 전 twtkr에서 작성된 글
이 글을 리트윗한 분 : @tkm0640

첫번째 글은 이외수 작가의 글을 리트윗(RT)한 것이며, 두번째 글
은 '뉴연세치과' 류성용 원장(@gnathia)과의 대화이며, 마지막 글은
개학날이 되었다고 다른 사람들에게 올린 인사말이다. 초등학교 4학
년의 대인 관계로는 정말 놀라운 일이 아닐 수 없다. 혹시라도 실제
나이에 의문을 갖는 독자가 있을지 몰라 아래에 또 다른 글을 소개한
다. 맨 마지막에 쓴 "행복하고 평화롭고 편리한 도시 만들기"라는 표
현을 보면 참 대견하다는 생각이 절로 들 따름이다.

지금까지 트위터에서 활동하는 나이 어린 몇몇 학생의 사례를 소
개했다. 나 또한 중학생 아들 희재를 앞의 두번째 글에서 보듯이 트
위터에 가입시켰다. 열심히 글을 올리던 초기와 달리 최근에는 활
동이 줄었지만, 계속 소셜네트워크의 중요성을 들려주고 열심히 활

동하도록 지도할 생각이다. 현대사회에서 소셜네트워크를 활용할 줄 아는 능력은 강력한 경쟁력이며 트위터, 페이스북은 소셜네트워크 활용 능력을 자연스럽게 몸에 익힐 수 있는 최고의 공간이기 때문이다.

자녀에게 좋은 인맥을 만들어주려면 트위터, 페이스북에 가입하도록 적극 지도하라. 물론 부모가 먼저 트위터, 페이스북에 가입해 사용법을 익히는 것이 순서일 것이다. 서점에 가면 트위터, 페이스북 활용에 관한 책이 수십 종 이상 출간되어 있으니 참고하면 된다. 또는 인터넷에 올라와 있는 사용법을 읽어보는 것만으로도 충분하다.

트위터, 페이스북 외에도 인터넷을 통한 인맥 관리 방법에는 카페, 블로그, 미니홈피 등이 있고 네이버에서 만든 '미투데이'에 가입하는 것도 한 방법이다. 다시 한번 강조하지만 앞으로는 디지털 인맥이 점점 더 중요해진다. 이제는 자녀의 오프라인 인맥뿐 아니라 소셜네트워크 인맥 형성에도 적극적으로 관심을 기울일 때다.

책상과 밥상,
침대에서 얼굴 맞대고 가르쳐라
― 책상머리, 밥상머리, 침대머리 교육법

조선 시대 황희 정승에게 수신(守身)이라는 아들이 있었다. 하지만 술과 기생을 지나치게 좋아해서 공부를 게을리하고 걸핏하면 술에 취해 집에 들어오지 않았다. 이를 걱정한 황희 정승이 여러 번 훈계를 하고 매도 들었지만 수신의 버릇은 전혀 고쳐지지 않았다. 어느 날, 황희 정승은 관복을 갖춰 입고 아들을 기다렸다. 술에 취한 수신이 집 안으로 들어서자 황희 정승은 땅에 엎드려 아들에게 큰절을 했다. 이를 보고 깜짝 놀란 수신이 물었다.

"아버님, 어인 연유로 저에게 절을 하십니까?"

"자식이 아비의 말을 듣지 않는 것은 아비를 아비로 여기지 않음이니 나도 그 자식을 손님으로 생각하고 맞이하는 것이다."

아버지의 대답을 들은 수신은 깊이 깨우치고 학문에 정진해 훗날 영의정까지 올랐다.

황희 정승의 일화에서도 알 수 있듯 자녀 교육은 말처럼 쉽지 않다. 자식에게 큰절까지라도 하겠다는 각오와 노력이 뒷받침되어야만 결실을 거둘 수 있다. 인맥 교육도 마찬가지다. 부모가 진심으로 자녀의 성공과 행복을 바란다면 어린 시절부터 인맥의 중요성을 깨닫게 하고 좋은 사람들과 어울리게 해주며 대인 관계 기술을 적극적으로 가르쳐야 한다. 단지 공부 잘하는 아이들, 가정 형편이 좀 더 나은 아이들과 어울리게 하는 것은 궁극적인 방법이 못 된다. 사람과 만남에 대한 긍정적인 가치관, 올바른 성품과 버릇을 길러주고 만나는 사람의 정보를 관리하는 법 등을 체계적으로 알려줘야 인맥에 강한 아이로 성장할 수 있다. 이를 위해서는 평소에 책상머리, 밥상머리, 침대머리 교육을 꾸준히 시켜야 한다.

책상머리 교육

아이들이 가장 많은 시간을 보내는 장소는 책상 앞이다. 학교나 학원에 갈 때를 제외하고는 집에 있는 시간의 대부분을 책상에서 보낸다. 따라서 우선 관심을 가져야 할 것이 책상머리 교육이다. 이를 위해서는 앞에서 설명한 것처럼 명언이나 좋은 글, 10계명 등이 적힌 종이를 책상에 붙여놓는 방법이 효과적이다. 그다음에는 책꽂이에 인맥, 인간관계와 관련된 책들을 꽂아두고 자연스럽게 손이 가게 하자.

내 경우에는 아이들 방에 『배려』, 『경청』, 『카네기 인간관계론』 등 다수의 책을 꽂아두고 시간이 될 때마다 읽게 했다. 이외에도 강의 시디롬, 오디오 테이프를 구입해 책상 위에 놓아주거나 인터넷에서 유익한 동영상을 다운받아 컴퓨터 바탕 화면에 깔아주는 것도 좋은 방법이다. 가장 좋은 것은 아빠나 엄마가 책상에 함께 앉아 개인 과외를 하듯 직접 교육시키는 것이다. 너무 어렵게 생각하지 말고 하루에 5~10분 정도만 노력을 기울여보자.

밥상머리 교육

미국 35대 대통령인 존 F. 케네디의 아버지는 식사 때마다 자신이 만난 유명 인사들의 이야기를 들려주며 자녀들에게 사업과 인간관계에 대한 교훈을 깨우쳐주었다고 한다. 이처럼 밥상머리 교육은 명문가에서 공통으로 찾아볼 수 있는 자녀 교육법이다. 그만큼 여러 가지 장점과 효과를 기대할 수 있다는 의미일 것이다.

실제로 미국 하버드 대학 연구진의 실험 결과에 따르면, 아이가 식탁에서 배우는 어휘량이 책에서 얻는 것보다 열 배 정도 많다고 한다. 컬럼비아 대학 약물오남용예방센터(CASA)에서는 가족과 함께 식사하는 아이가 혼자 식사하는 아이에 비해 비행 청소년이 될 위험은 절반, 높은 학업 성취(A학점)를 이룰 확률은 두 배에 달한다고 발표했는데, 가족이 함께 하는 식사 횟수가 적은 아이일수록 음주, 흡연 경험률이 높아지는 것으로 조사되었다. 이러한 장점 때문에 미국과 일본에서는 이미 오래전부터 밥상머리 교육 열풍이 불고 있다. 미국 가족식사운동본부에서는 다음의 네 가지 실천 지침을 권장하고 있다.

- 아이들과 함께 저녁을 먹으며 시간을 보낸다.
- 아이들이 사귀는 친구들, 관심사, 그리고 약물과 알코올의 위험성에 대해 이야기한다.
- 아이들의 질문에 대답해주고 아이들의 이야기에 귀를 기울인다.
- 내 아이들이 나쁜 유혹에 빠지지 않도록 도울 힘이 내게 있음을 스스로 깨닫는다.

이런 열풍을 거슬러, 우리 사회에서는 가족이 모여 함께 식사하는 문화가 점점 사라져가고 있다. 심지어 하루에 10분 이상 대화를 나누는 가정이 15%에 불과하다는 설문 조사 결과도 발표된 바 있다. 치열한 경쟁을 요구하는 현대사회에서 피하기 어려운 현실이겠지만 밥상머리 교육의 효과를 생각해본다면 하루에 한 끼 이상은 반드시 자녀와 함께 식사할 수 있도록 노력할 필요가 있다. 그것이 어렵다면 최소한 일주일에 한 번만이라도 함께 밥상머리에 둘러앉아보자. 세상에서 가장 바쁜 오바마 대통령도 가족과 함께 하는 저녁식사에는 반드시 참석하는 것을 원칙으로 삼고 있다고 한다.

밥상머리 교육에서는 딱딱한 화제를 피하고 아빠나 엄마 친구의 일화, 학창 시절 경험담, 최근에 직장이나 사회에서 만난 사람들을 소재로 가벼운 이야기를 들려주는 것이 좋다. 너무 딱딱한 훈계조의 이야기는 역효과를 일으키기 쉽다. 최대한 편안한 분위기를 조성하고 일방통행식의 전달이 아니라 적절한 질문을 통해 아이들이 자신의 생각과 감정을 표현하도록 유도하면 대인 관계에 필요한 대화법도 가르치고, 커뮤니케이션 능력도 함께 길러줄 수 있다.

침대머리 교육

책상머리, 밥상머리 교육이 힘들 때 마지막으로 시도해볼 것이 침대머리 교육이다. 사실 내 경우에도 강의와 집필 활동에 전념하기 전까지는 아이들과 함께 시간을 보내기가 쉽지 않았다. 특히 딸아이가 중학교, 고등학교에 올라가고 나니 아침부터 밤늦게까지 이어지는 자율학습, 학원 수강 등으로 인해 얼굴도 보지 못하는 날이 부지기수였다. 이렇게 책상머리, 밥상머리 교육을 할 여건이 되지 않는다면 침대머리 교육이라도 반드시 해야 한다.

『탈무드』를 비롯해 유대인의 자녀 교육법에 관한 책을 읽다 보면 빠짐없이 등장하는 것이 침대머리 교육이다. 유대인 부모들은 하루 일과를 마치고 나면 반드시 잠자리에 든 자녀들에게 책을 읽어준다. 보통 첫돌이 지날 무렵부터 시작하는데, 매일 밤 침대 머리맡에서 성경이나 히브리어로 된 동화책을 읽어주며 자연스럽게 자녀를 교육시킨다고 한다.

자녀에게 좋은 인맥을 만들어주고 싶다면 침대머리 교육을 시켜보

자. 아이가 어릴 때는 인간관계에 관한 우화를 들려주고, 나이가 들면서는 위인의 일화나 예화를 읽어주면 된다. 또한 자녀가 잠자리에 들면 침대에 함께 누워 엄마 아빠에 관한 이야기를 들려주며 자연스럽게 대화를 나누는 것도 좋은 방법이다. 내 경험에 비추어 판단해보건대, 하루 5~10분의 침대머리 교육만으로도 큰 효과를 거둘 수 있다.

가정마다 주어진 상황과 여건에 맞게 책상머리, 밥상머리, 침대머리 교육을 실천하면 되지만 어떤 교육에서든 공통적으로 잊지 말아야 할 것은 머리 교육보다 가슴 교육이 중요하다는 사실이다. 실제로 모든 인간관계는 머리가 아닌 가슴으로 결정된다. 다른 사람의 생각과 감정에 공감하고, 따뜻한 관심과 사랑을 베풀고 배려하는 것은 머리가 아니라 가슴이 하는 일이다. 따라서 책상머리, 밥상머리, 침대머리 교육 또한 세세한 대인 관계 기술보다는 감성지능을 높여주는 쪽에 초점을 맞춰야 한다.

자녀가 어릴 때부터 책상머리, 밥상머리, 침대머리 교육이 이뤄지면 그 자체로 긍정적인 애착 경험이 되며, 부모의 관심과 사랑을 통해 자녀의 사회적 뇌의 발달이 촉진된다. 또한 자존감과 자신감이 높아지면서 적극적으로 대인 관계에 임하게 되고 사회성이 점점 향상된다. 그 뒤에 자연스럽게 결실로 뒤따라오는 것이 바로 좋은 인맥, 성공적인 인간관계다. 자녀들과 자주 시간을 보내고, 함께 대화하며, 친밀한 스킨십을 나누고, 많은 사랑을 주어라. 그것이 최고의 인맥 교육이다.

♔ 인맥 교육 점검 리스트

	스킨십, 인성 교육	친구 초대, 모임 결성	인사성	심부름	우화, 명언, 속담, A4지, 실천 일지	책, 테이프, 시디롬, 동영상	전화, 메일, 문자	인터넷	명함, 인명록	책상머리, 밥상머리, 침대머리 교육
입학 전	○		○							○
유치원	○	○	○		○					○
초등학생	○	○	○	○	○		○	○		○
중학생	○	○	○	○	○	○	○	○	○	○
고등학생		○		○	○	○	○	○	○	○
대학생					○	○	○	○	○	○

* 자녀 연령에 따라 ○ 표시된 항목을 중점적으로 지도하되 칭찬, 배려, 기부, 공감 능력 향상에도 관심을 가져야 한다.

사람이 가장 소중하다

책을 마치면서 몇 가지 생각을 덧붙일까 한다. 수많은 학자, 연구 기관의 조사를 통해 살펴봤듯이 인생의 성공과 행복은 전적으로 인간관계에 달려 있다. 당나라 시인 백낙천은 "백 년의 고락이 남을 따라 생기는구나. 인생행로의 어려움이여, 산 넘기보다 어렵고 물 건너기보다 어렵구나"라고 말했다. 인생 백 년의 기쁨과 슬픔이 곧 다른 사람과의 관계에서 비롯된다는 뜻으로, 결국 인맥은 우리의 삶이자 운명이다. 따라서 좋은 인맥을 맺는 능력은 성공과 행복의 충분조건이라 말할 수 있다.

다만 어려운 점은 좋은 인맥을 만드는 데 결정적인 영향을 미치는 요소가 대부분 어린 시절에 형성되거나 고정된다는 사실이다. 많은 어른들이 배우고 싶어하는 대인 관계 스킬은 그저 '스킬'일 뿐, 인간관계에서 결정적인 비중을 차지하지 못한다. 가장 핵심적인 것은 사람이 가장 중요하다는 가치관, 그리고 여든 살까지 간다는 버릇을 어렸을 때부터 좋은 습관으로 만들어주는 일이다. 부모가 자녀 교육에서 가장 관심을 갖고 노력해야 할 부분이 바로 인맥에 강한 아이로 키우는 일이다. 이 책에 적혀 있는 이론과 방법이 자녀를 인맥에 강한 아이로 키우는 데 조금이나마 도움을 줄 수 있으리라 기대하며 두 가지 사항을 강조하고 싶다.

첫째, '인간 복덕방'이라 불리는 가수 조영남은 어느 인터뷰에서 "누가 나에게 반 고흐처럼 살아서 외롭다가, 죽어서 유명세를 얻겠느냐고 묻는다면, 노(No)야. 난 싫어. 난 죽어서 아무도 나를 기억 못하더라도 살아서 사람들과 함께 즐기고 싶어. 그만큼 사람이 좋고, 또 사람이 소중해"라고 말했다. 이처럼 사람이 좋고, 사람이 소중하고, 사람과의 만남을 즐길 줄 알아야 좋은 인맥을 형성할 수 있다. 성공을 위해서만 인맥이 필요하다고 생각하지 않고 사람과 만남 자체를 소중히 여기며 인간관계를 즐길 줄 아는 아이로 키워야 한다.

둘째, 연예계 마당발인 방송인 박경림은 자신의 인맥 관리 비법을 소개하며 "항상 진심으로 대하라"라고 말한다. 인간관계의 비결이야 많겠지만 상대방을 진심으로 대하는 태도만으로도 대부분의 사람과 친밀한 관계를 형성할 수 있다. 자녀들이 친구나 다른 사람에게 항상 진심으로 대할 수 있도록 이끌어주자.

필리핀 속담에 "하고 싶은 일에는 방법이 보이고, 하기 싫은 일에는 핑계가 보인다"라는 말이 있다. 자녀의 인맥 교육도 마찬가지다. 부모가 중요성을 깨닫고 실천하려는 마음만 먹으면 자녀에게 인맥의 중요성을 알려주고 좋은 버릇을 갖게 할 수 있는 방법은 어디서나 눈에 띄게 마련이다. 반대로 인맥 교육의 중요성을 마음으로 인식하지 못하고 억지로 시키려 들면 방법은 보이지 않고 핑계만 늘어나게 되어 있다.

자식 노릇도 어렵지만 부모 노릇은 더 어렵다. 부모 노릇이 힘든 줄 알면서도 부모가 되었고, 부모가 된 이상 자녀를 훌륭하게 길러내는 것은 부모의 의무이자 사명이다. 자녀를 큰사람으로 키워내기 위해 책상머리, 밥상머리, 침대머리에서, 그리고 언제 어디서나 자녀의 인맥 교육에 노력을 기울여보자.

부모를 거울삼아 자라나는 아이들에게 가장 중요한 것은 결국 부모의 모습이다. "아버지가 자녀를 위해 해줄 수 있는 가장 중요한 일은 그 아이들을 낳아준 어머니를 사랑하는 것"이라는 말처럼, 평소에 부모가 모범적인 인간관계를 보여줘야 아이들의 관계 능력이 향상된다. 아울러 그것이 자녀에게 해줄 수 있는 최고의 인맥 교육이며, 행복한 가정을 만드는 비결이다. 아무쪼록 이 책을 읽는 독자 여러분의 가정에 무한한 기쁨과 사랑이 넘쳐나길 기원한다. 먼저 가족끼리 공감하고, 배려하고, 사랑하라.

국립중앙도서관 출판시도서목록(CIP)

인맥에 강한 아이로 키워라 / 양광모 지음. -- 고양 : 위즈덤하
우스, 2010
  p. ;   cm

표제관련정보 : 지혜로운 부모는 아이의 관계 능력부터 키워준다
ISBN 978-89-5913-633-9 13000 : ₩12000

육아법〔育兒〕

598.1-KDC5
649.1-DDC21   CIP2011002353

인맥에 강한 아이로 키워라

초판 1쇄 발행 2011년 6월 23일
초판 4쇄 발행 2014년 7월 10일

지은이 양광모
펴낸이 연준혁
기획 위즈덤베이글

출판 1분사_ 분사장 최혜진
편집 가정실 정지연 최연진 최유진
제작 이재승

펴낸곳 (주)위즈덤하우스 **출판등록** 2000년 5월 23일 제13-1071호
주소 (410-380) 경기도 고양시 일산동구 정발산로 43-20 센트럴프라자 6층
전화 031)936-4000 **팩스** 031)903-3891
전자우편 yedam1@wisdomhouse.co.kr **홈페이지** www.wisdomhouse.co.kr
출력 엔터 **종이** 월드페이퍼 **인쇄 · 제본** (주)현문

값 12,000원   ⓒ 양광모, 2011   ISBN 978-89-5913-633-9 13000